何欣　陈军◎编著

残疾人就业规范化服务指南

CANJIREN JIUYE GUIFANHUA
FUWU ZHINAN

中国社会出版社

国家一级出版社·全国百佳图书出版单位

图书在版编目（CIP）数据

残疾人就业规范化服务指南 ／ 何欣，陈军编著．

北京 ：中国社会出版社，2024．12． —— ISBN 978-7
-5087-7085-7

Ⅰ．D669.69-62

中国国家版本馆 CIP 数据核字第 2024Z4L147 号

残疾人就业规范化服务指南

出 版 人：程　伟

终 审 人：郑双梅

责任编辑：卢光花

装帧设计：李　尘

出版发行：中国社会出版社

　　　　　（北京市西城区二龙路甲 33 号　邮编 100032）

印刷装订：河北鑫兆源印刷有限公司

版　　次：2024 年 12 月第 1 版

印　　次：2024 年 12 月第 1 次印刷

开　　本：170mm×240mm　1/16

字　　数：156 千字

印　　张：11.5

定　　价：38.00 元

序　一

就业对残疾人具有非常重要的意义，它不仅是残疾人获得基本生活保障的主要方式，也是帮助他们获得社会认同、实现自我价值，并最终全面融入社会的重要途径。改革开放以来，我国探索了个体就业、集中就业、按比例就业、公益性岗位就业和辅助性就业，形成多渠道、多层次、多形式的就业模式，显著提高了残疾人的就业权利和机会；自党的十八大以来，在推进中国式现代化的进程中，国家对残疾人事业"格外关心、格外关注"，制定出台了《促进残疾人就业三年行动方案（2022—2024年）》《机关、事业单位、国有企业带头安排残疾人就业办法》等一系列政策文件，残疾人就业比例逐年上升，就业质量稳步改善。但是受到全球经济波动和国内经济结构调整等因素，尤其是经济下行压力的影响，残疾人仍然面临就业难、就业质量低等问题。

面对残疾人的就业困境，各地政府和残联组织大胆创新，先行先试，助力残疾人实现更加充分、更高质量的就业，涌现出一批创新典范。厦门市便是众多创新的代表之一。基于残疾人就业特殊性、多样性、类别性的需求，厦门市协调民政、卫生、残联等相关部门，组织企业、公益组织共同为残疾人提供多层次、多角度的就业服务，搭建了完整的残疾人就业服务网络，探索出残疾人就业服务的"厦门模式"。

"厦门模式"具有三个方面的特征：一是专业服务。厦门市以职业评估与岗位匹配为切入点，根据不同残疾类别、文化程度等个体实际情况，对残疾人的职业能力进行物理测评和线上测评，帮助其找准求职定位。二是分类服务。厦门市对应届高校残疾人毕业生等重点帮扶对象开展"一人一策""一人一档"精准化推介服务，服务范围涵盖需求了解、政策解读、推荐培训、岗位推介、对接帮扶等。三是持续服务。厦门市创新残疾人"创业创新培训+后续跟踪服务"模式，为残疾人创业提供各种咨询、培训、跟踪、指导等服务，了解其在就业过程中遇到的困难并告知用人单位，协同用人单位根据其需要给予相应的支持和帮助并做好服务记录。

本书作者之一何欣副教授长期从事残疾人理论研究，发表了大量研究成果；另一位主要作者陈军则长期从事残疾人就业管理工作，积累了丰富的实践经验。两位作者长期关注残疾人就业改革，收集了大量第一手资料，在此基础上撰写了《残疾人就业规范化服务指南》。该书具有很强的实用性和操作性，为相关部门、专业机构、残疾人雇主开展残疾人就业工作提供指引和参考。该书提炼了残疾人就业的"厦门模式"，创新了残疾人就业理论研究视角，进一步丰富了中国特色的残疾人就业理论。

残疾人就业是一个需要全社会高度关注的重要民生问题，希望本书的出版能够引起社会对残疾人就业的更多关注，进一步改善残疾人就业环境，保障残疾人就业权利的充分实现。

残疾人事业发展研究会副会长
中国人民大学残疾人事业发展研究院副院长
教授　杨立雄
2024 年 8 月 31 日

序　二

加强残疾人就业服务，是新时代促进残疾人事业发展的一项重要内容，是实现残疾人服务高质量发展的关键环节之一。在促进经济高质量发展中扩大残疾人就业岗位，强化职业技能培训支撑作用，持续完善残疾人就业支持体系，帮助残疾人通过生产劳动积极融入社会，在共建共享发展中有更多获得感，是现阶段残疾人就业工作的重要方向和内容。

不断扩大的残疾人就业规模、残疾类型的复杂性、就业类型的丰富性，都意味着需要更完善的残疾人就业服务体系予以回应。全国各地的残疾人就业服务机构因地制宜地开展了大量有益的实践探索，本书所呈现的厦门经验就是其中之一。残疾人就业的"厦门模式"形成了一个全方位、全流程、体系化的残疾人就业支持体系，资金保障与服务保障并重，为我国残疾人就业服务工作的品质化和规范化提供了有益的参考。

本书具有较强指导性，是分别来自学术界和实务管理领域的两位主要作者及其团队成员共同梳理残疾人就业服务工作的扎实工作的成果体现。本书结构合理，内容充实，从服务概念、法律法规政策，到服务内容、服务流程和服务工具，清晰完整地提供了一份残疾人就业服务的工作指南。从事残疾人就业服务相关工作的管理者、服务者，就业年龄段、有就业意愿的残疾伙伴及其家属，企业及其他残疾人雇主都可以从本书中获得有益的启发和可供参考的工作依据。

希望依托本书的出版，全国各地更多地方和部门研究、总结本地经验，应对挑战，并提升残疾人就业服务的经验，发展出更多创新性的服务模式；残疾人就业服务机构通过组织学习和培训，更加规范、完整地设计、执行和拓展残疾人就业服务；残疾人就业服务从业人员通过阅读和反思，加强对相关基础知识和工作技能的学习与训练，持续提升服务专业性；残疾人就业企业及其他雇主、处于就业年龄段的残疾人及其家属，通过查阅和了解相关内容，熟悉相关政策和服务资源，更加顺畅地获取到相关政策和服务支持。

期待在各相关主体共同的努力下，我国残疾人就业环境可以得到持续改善，就业服务支持体系得到更快完善，残疾人就业权利得到充分实现。

中国残疾人康复协会社会康复专委会主任委员

中国社会工作教育协会残障与康复社会工作专委会主任委员

研究员　郭　微

2024 年 9 月 2 日

目 录

引　言

就业是最大的民生。对残疾人而言，就业的意义不仅关乎残疾人的生存与发展，更是残疾人融入社会、实现共同富裕的根本途径。进一步巩固拓展残疾人脱贫攻坚成果，促进残疾人实现较为充分、较高质量的就业，共建共享经济社会发展成果，逐步实现共同富裕，是当前我国残疾人事业发展的工作重点之一。"十四五"以来，在党中央的坚强领导下，各级残疾人就业服务机构围绕落实《"十四五"残疾人保障和发展规划》和《促进残疾人就业三年行动方案（2022—2024 年）》，结合自身职责和地方实际，不断加大残疾人就业扶持和服务力度，残疾人就业规模不断扩大，就业质量和稳定性明显提高，就业状况进一步改善。

随着残疾人就业规模的扩大、就业类型的丰富，通过残疾人就业服务机构快速发展和残疾人就业服务人员队伍建设，搭建更完善的残疾人就业支持体系就成为进一步实现残疾人就业高质量发展的工作重点。中国残疾人联合会（简称"中国残联"）数据显示，截至 2022 年，中国各级各类残疾人就业服务机构已达 2700 多个，专职工作人员 1.2 万名，挂牌建立国家级残疾人职业培训基地 478 个。全国各地的残疾人就业服务机构因地制宜，积极开展实践探索，形成了丰富的工作经验。厦门就是其中的典型代表之一。厦门市残疾人联合会（简称"厦门市残联"）、厦门市残疾人就业服务中心以党建为引领，综合施策，探索出残疾人就业服务专业化的"厦门模式"，不断提升残疾人就业服务的规范化和专业性水平。

为了形成全面的、可供参照的、国内先进水平的残疾人就业服务手册，引导厦门乃至全国残疾人就业服务进一步规范化高质量发展，为今后残疾人就业服务的规范化和专题培训提供基础内容，在厦门市残疾人就业服务中心的大力支持下，项目团队通过实地调研和文本资料梳理，总结了厦门市残疾人就业相关政策制度、工作经验和服务流程等内容，吸收了部分国际国内相关经验做法，撰写了这本面向残疾人就业支持方向的相关部门、专业机构、残疾人雇主的工作指引性手册：《残疾人就业规范化服务指南》。

残疾人就业服务涉及多部门业务范围、多专业知识基础、多主体工作对象，以及多类型就业形式，具有较强的复杂性。为了更加清晰地梳理相关内容，清晰而完整地呈现残疾人就业服务所需的基本知识内容，本书安排了服务概念、法律法规政策、服务内容、服务流程、服务工具 5 个主体章节加以呈现。

第一章介绍残疾人就业服务概念，阐述残疾人、残疾人就业类型、残疾人就业服务的基本概念，包括残疾人类别、残疾人就业类型、残疾人就业服务机构等概念的界定。

第二章介绍我国残疾人就业法律法规政策，按照政策主体从用人单位、残疾人，以及就业服务机构三方面梳理目前我国残疾人就业的政策法规，以全国性政策为主的同时，以福建省和厦门市地方性政策为例进行补充介绍。

第三章介绍残疾人就业服务内容，总结残疾人就业服务的原则，梳理残疾人就业服务的基本要求，并基于福建省厦门市调研经验，从不同残疾人就业类型角度介绍厦门市残疾人就业服务基本现状、特色案例以及发展方向。

第四章介绍残疾人就业服务流程，包括残疾人就业服务基本工作流程、面向残疾人求职者的相关工作流程，以及用人单位安置残疾人就业相关工作流程。同时，基于福建省厦门市调研经验，呈现厦门市残疾人就业服务流程特色。

第五章介绍残疾人就业服务工具，收集国内外残疾人就业服务相关指引，整理呈现残疾人信息记录工具、用人单位工具、志愿者管理表格等工具，供残疾人就业服务相关机构参考使用。

第一章

残疾人就业服务概念

明确残疾人就业服务对象、残疾人就业服务类型等概念是理解和从事残疾人就业服务的基础。本章以我国残疾人就业法规政策中的界定为主要依据，从残疾人基本概念、残疾人就业类型基本概念、残疾人就业服务基本概念三个方面介绍具体概念。如需了解更为详细的概念内容，可以查阅检索概念界定后所列的法规政策原文。

第一节　残疾人基本概念

1. 残疾人

残疾人是指在心理、生理、人体结构上，某种组织、功能丧失或者不正常，全部或者部分丧失以正常方式从事某种活动能力的人。

——《中华人民共和国残疾人保障法》

残疾人包括肢体、精神、智力或感官有长期损伤的人，这些损伤与各种障碍相互作用，可能阻碍残疾人在与他人平等的基础上充分和切实地参与社会。

——《残疾人权利公约》

2. 持证残疾人

持证残疾人是指已获得了《中华人民共和国残疾人证》或《中华人民共和国残疾军人证》（2020年8月1日起全国统一换发残疾军人证），且证件在有效期内的残疾人。

《中华人民共和国残疾人证》是认定残疾人及其残疾类别、残疾等级的合法凭证，是残疾人依法享有国家和地方政府优惠政策的重要依据。残疾人证由中国残疾人联合会统一印制，残疾人证号全国统一编码。[①]

残疾退役军人是指"服现役期间因战、因公、因病致残被评定残疾等级和退役后补评或者重新评定残疾等级的残疾退役军人"。[②]

3. 残疾类别

残疾人包括视力残疾、听力残疾、言语残疾、肢体残疾、智力残疾、精神残疾、多重残疾和其他残疾的人。

——《中华人民共和国残疾人保障法》

4. 残疾等级

中华人民共和国国家质量监督检验检疫总局、中国国家标准化管理委员会于 2011 年颁布的《残疾人残疾分类和分级》（GB/T 26341—2010）是我国残疾人领域关于残疾类别和等级划分的首个国家标准，标准规定了残疾人残疾分类和分级的术语和定义、残疾分类和分级及代码。

各类残疾按残疾程度分为四级，残疾一级、残疾二级、残疾三级和残疾四级。残疾一级为极重度，残疾二级为重度，残疾三级为中度，残疾四级为轻度。

——《残疾人残疾分类和分级》国家标准（GB/T 26341—2010）

5. 视力残疾

各种原因导致双眼视力低下并且不能矫正或双眼视野缩小，以致影响其日常生活和社会参与。视力残疾包括盲及低视力。

——《残疾人残疾分类和分级》国家标准（GB/T 26341—2010）

6. 听力残疾

各种原因导致双耳不同程度的永久性听力障碍，听不到或听不清周围环境声及言语声，以致影响其日常生活和社会参与。

——《残疾人残疾分类和分级》国家标准（GB/T 26341—2010）

---

① 参考《中华人民共和国残疾人证管理办法》。
② 参考《残疾退役军人医疗保障办法》。

7. 言语残疾

各种原因导致的不同程度的言语障碍，经治疗一年以上不愈或病程超过两年，而不能或难以进行正常的言语交流活动，以致影响其日常生活和社会参与。包括：失语、运动性构音障碍、器质性构音障碍、发声障碍、儿童言语发育迟滞、听力障碍所致的言语障碍、口吃等。

注：3岁以下不定残。

——《残疾人残疾分类和分级》国家标准（GB/T 26341—2010）

8. 肢体残疾

人体运动系统的结构、功能损伤造成的四肢残缺或四肢、躯干麻痹（瘫痪）、畸形等导致人体运动功能不同程度丧失以及活动受限或参与的局限。

肢体残疾主要包括：

a）上肢或下肢因伤、病或发育异常所致的缺失、畸形或功能障碍；

b）脊柱因伤、病或发育异常所致的畸形或功能障碍；

c）中枢、周围神经因伤、病或发育异常造成躯干或四肢的功能障碍。

——《残疾人残疾分类和分级》国家标准（GB/T 26341—2010）

9. 智力残疾

智力显著低于一般人水平，并伴有适应行为的障碍。此类残疾是由于神经系统结构、功能障碍，使个体活动和参与受到限制，需要环境提供全面、广泛、有限和间歇的支持。

智力残疾包括在智力发育期间（18岁之前），由于各种有害因素导致的精神发育不全或智力迟滞；或者智力发育成熟以后，由于各种有害因素导致智力损害或智力明显衰退。

　　——《残疾人残疾分类和分级》国家标准（GB/T 26341—
　　　2010）

10. 精神残疾

各类精神障碍持续一年以上未痊愈，由于存在认知、情感和行为障碍，以致影响其日常生活和社会参与。

　　——《残疾人残疾分类和分级》国家标准（GB/T 26341—
　　　2010）

11. 多重残疾

同时存在视力残疾、听力残疾、言语残疾、肢体残疾、智力残疾、精神残疾中的两种或两种以上残疾。

　　——《残疾人残疾分类和分级》国家标准（GB/T 26341—
　　　2010）

12. 就业年龄段残疾人

根据《中华人民共和国劳动法》《中华人民共和国劳动合同法》《中华人民共和国就业促进法》，就业年龄段是指年满 16 周岁至退休年龄，退休年龄一般指男 60 周岁，女干部身份 55 周岁，女工人 50 周岁。因此就业年龄段一般指 16~60 岁，具体而言，包括 16~60 岁的男性残疾人，16~50 岁的残疾女性工人，16~55 岁的残疾女性干部。

第二节　残疾人就业类型基本概念

1. 集中就业

集中就业，是指由国家和社会通过举办福利性企业、事业组织等，并确定一定比例的岗位，集中招用、聘用残疾人就业①。《中华人民共和国残疾人保障法》规定，政府和社会举办残疾人福利企业、盲人按摩机构和其他福利性单位，集中安排残疾人就业。根据《残疾人就业条例》，集中使用残疾人的用人单位中从事全日制工作的残疾人职工，应当占本单位在职职工总数的25%以上。

2. 按比例就业

第八条　用人单位应当按照一定比例安排残疾人就业，并为其提供适当的工种、岗位。

用人单位安排残疾人就业的比例不得低于本单位在职职工总数的1.5%。具体比例由省、自治区、直辖市人民政府根据本地区的实际情况规定。

用人单位跨地区招用残疾人的，应当计入所安排的残疾人职工人数之内。

——《残疾人就业条例》

国家机关、社会团体、企业事业单位、民办非企业单位应当按照规定的比例安排残疾人就业，并为其选择适当的工种和岗位。

——《中华人民共和国残疾人保障法》

3. 辅助性就业

指组织就业年龄段内有就业意愿但难以进入竞争性劳动力市场的智力、精神和重度肢体残疾人从事生产劳动的一种集中就业形式，在劳动时间、劳动强度、劳动报酬和劳动协议签订等方面相对普通劳动者较为灵活。

——《关于发展残疾人辅助性就业的意见》（残联发〔2015〕

---

① 我国残疾人就业方针［EB/OL］.（2009-05-07）［2023-10-24］. https：//www.gov.cn/fuwu/cjr/2009-05/07/content_ 2630783. htm.

27号）

4. 残疾人自主创业

指残疾人通过创办经济实体、社会组织等形式实现就业。包括在工商行政管理部门依法登记成立个体工商户、各类企业、农民专业合作社等生产经营主体；在民政部门登记成立各类社会团体、民办非企业单位等社会组织；经人力资源社会保障部门认定的其他自主创业。

——《关于扶持残疾人自主就业创业的意见》（残联发〔2018〕6号）

5. 残疾人灵活就业

指从事非全日制、临时性和弹性工作等实现就业。包括从事家庭副业、家政服务、修理装配、便民理发、绿化保洁等；经人力资源社会保障部门认定的其他灵活就业。

——《关于扶持残疾人自主就业创业的意见》（残联发〔2018〕6号）

6. 公益性岗位就业

指由各类用人单位开发并经人力资源社会保障部门认定，用于安置就业困难人员就业的岗位。

公益性岗位主要包括满足公共利益和就业困难人员需要的非营利性基层公共服务类、公共管理类岗位，一般不包括机关事业单位管理类、专业技术类岗位。

公益性岗位安置对象为就业困难人员。就业困难人员指因身体状况、技能水平、家庭因素、失去土地等原因难以实现就业，以及连续失业一定时间仍未能实现就业的人员，具体范围由各省级人民政府根据本行政区域实际情况规定，并实施动态调整。

——《关于做好公益性岗位开发管理有关工作的通知》（人社部发〔2019〕124号）

7. 农村种养加

《中华人民共和国残疾人保障法》第三十五条规定："地方各级人民政府和农村基层组织，应当组织和扶持农村残疾人从事种植业、养殖业、手工业和其他形式的生产劳动。"农村种养加是指农村残疾人利用当地资源从事种植业、养殖业、农产品加工业等形式并获取一定收入或报酬的生产劳动，为家庭增加稳定收入，主要包括种粮、种菜、养鸡、养猪、养牛、种果树、手工编织、农产品加工等。

第三节　残疾人就业服务基本概念

1. 残疾人就业服务

指为残疾人和用人单位开展的就业服务，内容包括但不限于职业能力评估，职业指导服务，职业康复训练，职业知识与技能培训，职业适应与工作环境评估，就业情况追踪等方面服务。[①]

2. 残疾人服务机构

指国家、社会和个人举办的，依法登记的专门为残疾人提供供养、托养、照料、康复、辅助性就业等相关服务的机构，但排除了《残疾人教育条例》《特殊教育学校暂行规程》等规定的残疾人职业教育机构，从而将调整和管理对象范围限定在提供养护照料等服务为主的各类机构上。[②]

3. 残疾人就业辅导员

残疾人就业辅导员是职业指导员下设工种，是为促进残疾人劳动者就业和职业发展，用人单位合理雇用残疾人，提供咨询、指导及帮助的人员。

4. 支持性就业

在竞争性的工作环境中为残疾人提供持续的就业支持，促进

---

① 参考《残疾人就业条例》。
② 参考《残疾人服务机构管理办法》。

其发展独立的工作能力，成为有生产力的工作者，并保持就业，遵循"安置—训练—追踪"的模式。

——《物理医学与康复名词》

5. 职业重建

职业重建即职业康复，残疾人通过系统专业及相关资源支持，就业或重新就业，能够获得自立、公平参与社会活动的机会。职业重建是残疾人康复的关键措施。职业重建体系依据残疾人的功能需求可以分为庇护性就业、支持性就业、一般性（竞争性）就业。

6. 残疾人就业方针

第三十一条　残疾人劳动就业，实行集中与分散相结合的方针，采取优惠政策和扶持保护措施，通过多渠道、多层次、多种形式，使残疾人劳动就业逐步普及、稳定、合理。

——《中华人民共和国残疾人保障法》

7. 残疾人就业保障金

第二条　保障金是为保障残疾人权益，由未按规定安排残疾人就业的机关、团体、企业、事业单位和民办非企业单位（以下简称用人单位）缴纳的资金。

第五条　保障金的征收、使用和管理应当接受财政部门的监督检查和审计机关的审计监督。

——《残疾人就业保障金征收使用管理办法》

第二章

我国残疾人就业法律法规政策

我国政府历来重视残疾人就业，将残疾人就业纳入全国就业工作的总体安排，目前已形成比较完备的残疾人就业政策体系①。残疾人就业政策涉及多部门、多主体，我国残疾人就业的相关法律位阶从上到下依次为：残疾人就业的宪法保障（全国人民代表大会）、残疾人就业的法律保障（全国人民代表大会及其常务委员会）、残疾人就业的行政法规（国务院）、残疾人就业的地方性法规（省级人民代表大会及其常务委员会）、残疾人就业的部门规章和地方政府规章（国务院各部委、省级政府和设区市政府）。

在残疾人就业政策体系中，以下政策对于残疾人就业具有重要意义：《中华人民共和国残疾人保障法》于 1990 年 12 月 28 日经第七届全国人民代表大会常务委员会第十七次会议通过，2008 年修订的残疾人保障法将残疾人劳动就业作为单独的章节，确立了残疾人平等就业的基本原则，规定了残疾人享有就业权利和就业保障的具体内容；《中华人民共和国就业促进法》强调残疾人就业的权利，并鼓励用人单位招聘残疾人；《残疾人就业条例》的出台是残疾人就业权利保障的一大进步，也是我国残疾人事业发展道路上的里程碑事件，条例是对残疾人保障法、就业促进法的细化，对用人单位、保障措施、就业服务等作出了更加详细的规定。

本章对我国残疾人就业相关的政策法规进行梳理。目前，我国残疾人就业形式主要有按比例就业、辅助性就业、灵活就业、自主创业等类型，使用的政策工具包括财政、金融、税收、资金补贴等，覆盖的主体主要有三个：残疾人、用人单位、就业服务机构。本章按照政策主体将政策分为

---

① 杨伟国，代懋．中国残疾人就业政策的结构与扩展［J］．学海，2007（4）：48-55.

三个部分：残疾人、用人单位以及就业服务机构，每一部分以全国性政策为主，同时以福建省、厦门市等地方性政策为例进行补充介绍，根据政策的关键词进行分类梳理。

第一节　面向残疾人的就业支持政策

一、国家政策

（一）残疾人权利保障

劳动是残疾人的一项基本权利，我国保障残疾人享有平等的劳动就业权利。在《中华人民共和国宪法》《中华人民共和国就业促进法》《中华人民共和国残疾人保障法》《残疾人就业条例》等法律法规中都对残疾人的劳动权利作了保障。我国通过不断完善法律法规、拓展就业渠道、完善服务体系，积极促进残疾人就业、促进残疾人社会融合。

第三十条　国家保障残疾人劳动的权利。

各级人民政府应当对残疾人劳动就业统筹规划，为残疾人创造劳动就业条件。

——《中华人民共和国残疾人保障法》

（二）残疾人教育与康复支持

教育是基础性的投资，对于残疾人就业而言，职业教育尤为重要。残疾人保障法、《残疾人教育条例》等都强调了残疾人职业教育的重要性，并对残疾人职业教育作出了全面、细致的说明。

残疾人职业教育应当大力发展中等职业教育，加快发展高等职业教育，积极开展以实用技术为主的中期、短期培训，以提高就业能力为主，培养技术技能人才，并加强对残疾学生的就业指导。

——《残疾人教育条例》

康复是残疾人就学、就业、全面参与社会生活的前提，是残疾人的迫切需求。我国在《中共中央 国务院关于进一步加强农村卫生工作的决定》（中发〔2002〕13号）、《关于进一步加强残疾人康复工作的意见》（国办发〔2002〕41号）等政策文件中都强调了康复的重要性，并对残疾人康复工作作出了重要部署。

> 完善康复工作体系，提高康复服务水平。
>
> 积极推进社区康复，把康复服务引入家庭。
>
> 对贫困残疾人康复提供特殊帮助。
>
> 加大经费投入，开发社会资源，确保残疾人康复任务的完成。
>
> 加强专业队伍建设，提高人员素质。
>
> 开展宣传教育，做好残疾预防。
>
> ——《关于进一步加强残疾人康复工作的意见》（国办发〔2002〕41号）

（三）残疾人自主就业创业

我国鼓励残疾人发挥个人优势进行自主择业、自主创业，并给予其政策优惠。

> 国家鼓励扶持残疾人自主择业、自主创业。对残疾人从事个体经营的，应当依法给予税收优惠，有关部门应当在经营场地等方面给予照顾，并按照规定免收管理类、登记类和证照类的行政事业性收费。
>
> ——《残疾人就业条例》
>
> 支持残疾人自主就业创业。鼓励和引导残疾人利用"互联网+"等形式自主就业创业，在经营场地等方面给予支持，符合条件的可享受相应补贴和金融扶持政策。
>
> ——《关于完善残疾人就业保障金制度 更好促进残疾人就业的总体方案》

中国残疾人联合会印发的《关于扶持残疾人自主就业创业的意见》（残联发〔2018〕6号）指出，对自主就业创业的残疾人提供合理便利和优先照顾，落实税收优惠和收费减免，提供金融扶持和资金补贴，支持重点对象和"互联网+"创业，提供支持保障和就业服务。具体内容如下。

1. 提供合理便利和优先照顾

1）残疾人在登记个体工商户、各类企业、农民专业合作社等经济实体，或登记各类社会团体、民办非企业单位等社会组织时，相关部门应提供合理便利，优先办理登记注册手续。

2）政府和街道兴办贸易市场，设立商铺、摊位，以及新增建设彩票投注站、新增建设邮政报刊零售亭等便民服务网点时，应预留不低于10%给残疾人，并适当减免摊位费、租赁费，有条件的地方应免费提供店面。

2. 落实税收优惠和收费减免

1）残疾人本人为社会提供的服务，按照《财政部 国家税务总局关于全面推开营业税改征增值税试点的通知》（财税〔2016〕36号）有关规定免征增值税；残疾人个人提供的加工、修理修配劳务，按照《财政部 国家税务总局关于促进残疾人就业增值税优惠政策的通知》（财税〔2016〕52号）有关规定免征增值税。残疾人个体就业或创办的企业，可按规定享受增值税优惠政策。

2）残疾人创办的企业，年应纳税所得额低于50万元（含50万元）并符合小型微利企业条件的，按照《财政部 国家税务总局关于扩大小型微利企业所得税优惠政策范围的通知》（财税〔2017〕43号）有关规定，其所得减按50%计入应纳税所得额，按20%的税率缴纳企业所得税。

3）对残疾人个人取得的劳动所得，根据《中华人民共和国个人所得税法》和《中华人民共和国个人所得税法实施条例》有关规定，按照省、自治区、直辖市人民政府规定的减征幅度和期限减征个人所得税。

4）对残疾人自主就业创业的，按照有关规定免收管理类、登记类和证照类等有关行政事业性收费和具有强制垄断性的经营性收费；征得行业协会商会同意，适当减免或降低会费及其他服务收费。生产经营困难的，可依法申请降低住房公积金缴存比例或缓缴，待效益好转后再提高缴存比例或补缴。

5）残疾人创办具有公益性、福利性且在民政部门登记为民办非企业单位的经营场所用电、用水、用气、用热按照民用标准收取。

3. 提供金融扶持和资金补贴

1）残疾人个人申请创业担保贷款、康复扶贫贴息贷款，贴息部分按照《财政部关于印发〈普惠金融发展专项资金管理办法〉的通知》（财金〔2016〕85号）等规定进行贴息。残疾人自主创业、灵活就业的经营场所租赁、启动资金、设施设备购置符合规定条件的，可由各地给予补贴和小额贷款贴息。建档立卡贫困残疾人可申请扶贫小额信贷，具体贴息标准参考各地贴息管理办法执行。政府支持的融资性担保机构和再担保机构应加大对残疾人自主就业创业的融资服务力度。有条件的地区可多渠道筹资设立残疾人小额贷款风险补偿基金。对信用良好的残疾人创业者经综合评估后可取消反担保。

2）残疾人首次创办小微企业或从事个体经营，且所创办企业或个体工商户自工商登记注册之日起正常运营1年以上的，鼓励地方开展一次性补贴试点。

3）符合就业困难人员条件的残疾人实现灵活就业的，按规定给予社会保险补贴，由就业补助资金支出。

4）享受城乡低保的残疾人首次自主就业创业的，在核算其家庭收入时，扣减必要的就业成本，鼓励残疾人通过自身努力就业增收，摆脱贫困。

5）特殊教育院校教育类毕业生、残疾人高校（含技师学院）毕业生、贫困残疾人家庭高校（含技师学院）毕业生按规定享受求职创业补贴。

6）用人单位雇用就业年龄段残疾人，并为残疾人职工实际缴纳社会保险的，可按规定申请吸纳就业困难人员社保补贴。

4. 支持重点对象和互联网+创业

1）重点扶持残疾人自主就业创业致富带头人和非遗继承人。残疾人自主创业并带动其他残疾人稳定就业的、获得有关部门认定的残疾人非遗继承人自主创业的，给予贴息贷款扶持。获得有关部门认定的残疾人非遗继承人，优先推荐"全国五一劳动奖章""中国青年五四奖章""全国三八红旗手"等荣誉称号。

2）残疾人利用网络就业创业的，给予设施设备和网络资费补助。网络商户残疾人同等享受残疾人自主创业扶持政策或享受残疾人灵活就业扶持政策。其中，在网络平台实名注册、稳定经营且信誉良好的网络商户残疾人创业者，可按规定享受创业担保贷款政策。

5. 提供支持保障和就业服务

1）各地应根据扶持残疾人自主就业创业工作需要，根据《残疾人就业保障金征收使用管理办法》等文件规定，合理安排用于残疾人自主就业创业经营场所租赁、启动资金、设施设备购置补贴（或一次性补贴）、小额贷款贴息、社会保险缴费补贴、用人单位岗位补贴等方面的支出。设立的各类就业创业基金应加大对残疾人自主就业创业的扶持。

2）通过政府购买服务，加大各类孵化基地、众创空间、创新工场、创业园等对残疾人创业培训、开业指导、项目推介、融资咨询、法律援助等孵化服务力度。

3）鼓励支持企业与自主就业创业的残疾人签订委托加工合同或产品购销合同，把适于残疾人加工的产品、工序委托残疾人加工制作。

4）促进城乡残疾人平等就业创业，逐步完善城乡残疾人平等就业创业政策。发挥中心城市、新兴产业带动效应，吸纳更多残疾人劳动力跨地区、跨行业、跨所有制流动就业，逐步使外来残疾人劳动者与当地户籍残疾人享有同等的就业创业扶持政策。

5）各级公共就业服务机构、残疾人就业服务机构要积极为残疾人自主就业创业提供政策咨询、职业介绍、信息发布、职业指导、创业指导、人力资源社会保障事务代理等服务。支持和鼓励社会创投机构、服务中介机构和社会组织，搭建用人单位与残疾人的劳务对接平台，提供相关服务。

各省、自治区、直辖市及计划单列市残联和有关单位应依据本意见，制定本地区残疾人自主就业创业的办法和具体规定。

关于自主就业创业残疾人的全国性补贴及政策，汇总见表2-1。

表2-1 自主就业创业残疾人补贴政策一览

补贴类型	具体内容	政策依据
就业创业补贴	对自主创业、灵活就业的残疾人，按规定给予经营场所租赁补贴、社会保险补贴、职业培训和创业培训补贴、设施设备购置补贴、网络资费补助、一次性创业补贴；对求职创业的应届高校残疾人毕业生给予补贴	《"十四五"残疾人保障和发展规划》
	残疾人利用网络就业创业的，给予设施设备和网络资费补助	《关于扶持残疾人自主就业创业的意见》（残联发〔2018〕6号）
	对在毕业学年积极求职创业的低保家庭、零就业家庭、防止返贫监测对象家庭和特困人员中的高校毕业生，残疾及获得国家助学贷款的高校毕业生，给予一次性求职补贴	《就业补助资金管理办法》（2023年）
费用减免	对在平台就业创业的残疾人减免加盟、增值服务等费用	《促进残疾人就业三年行动方案（2022—2024年）》
	残疾人自主就业创业的，按照有关规定免收管理类、登记类和证照类等有关行政事业性收费和具有强制垄断性的经营性收费	《关于扶持残疾人自主就业创业的意见》（残联发〔2018〕6号）
	残疾人自主就业创业的，征得行业协会商会同意，适当减免或降低会费及其他服务收费	

补贴类型	具体内容	政策依据
费用减免	残疾人自主就业创业生产经营困难的，可依法申请降低住房公积金缴存比例或缓缴，待效益好转后再提高缴存比例或补缴	《关于扶持残疾人自主就业创业的意见》（残联发〔2018〕6号）
	残疾人创办具有公益性、福利性且在民政部门登记为民办非企业单位的经营场所用电、用水、用气、用热按照居民用标准收取	
金融政策	国家对自主择业、自主创业的残疾人在一定期限内给予小额信贷等扶持	《残疾人就业条例》
	残疾人个人申请创业担保贷款、康复扶贫贴息贷款，贴息部分按照《财政部关于印发〈普惠金融发展专项资金管理办法〉的通知》（财金〔2016〕85号）等规定进行贴息	《关于扶持残疾人自主就业创业的意见》（残联发〔2018〕6号）
	在网络平台实名注册、稳定经营且信誉良好的网络商户残疾人创业者，可按规定享受创业担保贷款政策	
	城镇登记失业人员、就业困难人员（含残疾人）、退役军人、刑满释放人员、高校毕业生（含大学生村官和留学回国学生）、化解过剩产能企业职工和失业人员、返乡创业农民工、网络商户、脱贫人口、农村自主创业农民可申请创业担保贷款和财政贴息支持	《普惠金融发展专项资金管理办法》

（四）残疾人职业技能提升

就业能力是成功就业的基础条件之一，为促进残疾人就业率、提升残疾人就业的质量，我国政策、法规重视为残疾人提供职业技能培训，以提升其职业技能。2021年国务院印发的《"十四五"残疾人保障和发展规划》强调了残疾人职业技能培训的重要性。2022年2月，中国残联、教育部、人力资源和社会保障部、财政部、文化和旅游部联合印发了《"十四五"残疾人职业技能提升计划》，对"十四五"时期残疾人职业技能培训工作的总体要求、主要目标、工作内容和政策措施提出要求。之后,《促进残疾人就业三年行动方案(2022—2024年)》又对残疾人职业技能提升作出了进一步要求。

残疾人职业技能培训和创业孵化基地建设项目。依托企业、职业院校、社会培训机构等,建设一批残疾人职业技能培训和创业孵化基地,打造残疾人职业技能培训、实习见习和就业创业示范服务平台。

——《"十四五"残疾人保障和发展规划》

适应残疾人实现就业和稳定就业的需要,大力开展残疾人职业技能培训,建立供给充足、载体多元、形式多样、管理规范的残疾人职业技能培训体系。以就业技能培训、岗位技能提升培训和创业创新培训为主要形式,到2025年,培训供给不断提升,基本满足残疾人各类职业培训需求。

——《"十四五"残疾人职业技能提升计划》[1]

实施残疾人职业技能提升行动。以残疾人职业能力评估结果为依据,以劳动力市场需求为导向,鼓励用人单位参与培训体系建设,引导职业院校积极开发面向残疾人的就业创业培训项目,分类开展精准培训。

加大残疾人职业技能培训力度,不断提升残疾人就业服务质量和效益,稳定和扩大残疾人就业岗位。

——《促进残疾人就业三年行动方案(2022—2024年)》

(五)残疾人农业生产劳动帮扶

我国也高度重视农村残疾人的就业状况,早在1991年出台的《中华人民共和国残疾人保障法》中就明确规定,"地方各级人民政府和农村基

---

[1]　关于印发《"十四五"残疾人职业技能提升计划》的通知[EB/OL].(2022-03-15)[2023-10-24].https://www.cdpf.org.cn/zwgk/zcwj/wjfb/81ffe97ef4be4cb0b12eb5febbb84b69.htm.

层组织，应当组织和扶持农村残疾人从事种植业、养殖业、手工业和其他形式的生产劳动"。2007年《残疾人就业条例》中又进一步指出，"有关部门对从事农业生产劳动的农村残疾人，应当在生产服务、技术指导、农用物资供应、农副产品收购和信贷等方面给予帮助"。"十四五"时期，我国对农村残疾人就业也作了整体性规划：

农村残疾人就业帮扶基地建设项目。依托农村创业创新孵化实训基地和家庭农场、农民合作社、农业社会化服务组织等新型农业经营主体，扶持一批辐射带动能力强、经营管理规范、具有一定规模的残疾人就业帮扶基地，带动残疾人稳定就业、生产增收。

——《"十四五"残疾人保障和发展规划》

实施农村残疾人就业帮扶行动。落实巩固拓展残疾人脱贫攻坚成果各项政策，对符合条件的就业帮扶车间和农村残疾人就业基地按规定通过现有资金渠道予以支持。

——《促进残疾人就业三年行动方案（2022—2024年）》

（六）残疾人大学生就业帮扶

高校毕业生是国家宝贵的人才资源，我国历来重视高校毕业生就业创业工作。残疾人全日制普通高校毕业生是高校毕业生中就业最困难的群体，针对残疾人高校毕业生群体，要对其进行就业帮扶和就业援助。

完善残疾人大中专毕业生自主就业创业扶持政策，鼓励支持残疾人大中专毕业生入驻各类创业园。在"千校万岗"等大学生就业精准帮扶行动中，落实残疾人毕业生人岗对接工作。对国际残疾人职业技能竞赛和全国残疾人职业技能竞赛获奖选手自主就业创业的，优先保障贷款贴息，按规定给予一次性补贴。

——《关于扶持残疾人自主就业创业的意见》（残联发〔2018〕6号）

实施残疾人大学生就业帮扶行动。各地建立部门间残疾人大

学生信息交换机制，准确掌握在校残疾人大学生数据，及早建立
"一人一策"就业服务台账，开展"一对一"精准服务。

——《促进残疾人就业三年行动方案（2022—2024 年）》

（七）金融税收支持政策

《残疾人就业条例》《关于加强小额担保贷款财政贴息资金管理的通知》《关于扶持残疾人自主就业创业的意见》等相关法律法规、部门规章，通过在一定期限内给予残疾人小额信贷扶持等金融政策，促进残疾人就业。2022 年 11 月，中国农业银行、中国残联联合印发《关于开展金融助残服务的通知》（农银发〔2022〕255 号）部署开展金融助残服务。对县域农村地区有劳动意愿和贷款需求的残疾人、残疾人家庭成员及助残致富带头人三类对象，农业银行利用已创建的"e 推客"系统便利化服务功能，为重点服务对象开通融资办贷绿色通道、实行贷款优惠利率、灵活满足助残信贷需求。我国促进残疾人就业的金融政策见表 2-2。

表 2-2　国家促进残疾人就业的金融政策

扶持对象	具体内容	政策依据
残疾人创业者	国家对自主择业、自主创业的残疾人在一定期限内给予小额信贷等扶持	《残疾人就业条例》
	残疾人个人申请创业担保贷款、康复扶贫贴息贷款，贴息部分按照《财政部关于印发〈普惠金融发展专项资金管理办法〉的通知》（财金〔2016〕85 号）等规定进行贴息	《关于扶持残疾人自主就业创业的意见》（残联发〔2018〕6 号）
	在网络平台实名注册、稳定经营且信誉良好的网络商户残疾人创业者，可按规定享受创业担保贷款政策	
	城镇登记失业人员、就业困难人员（含残疾人）、退役军人、刑满释放人员、高校毕业生（含大学生村官和留学回国学生）、化解过剩产能企业职工和失业人员、返乡创业农民工、网络商户、脱贫人口、农村自主创业农民可申请创业担保贷款和财政贴息支持	《普惠金融发展专项资金管理办法》

续表

扶持对象	具体内容	政策依据
残疾人创业者	残疾人自主就业创业补贴。对自主创业、灵活就业的残疾人，按规定给予经营场所租赁补贴、社会保险补贴、职业培训和创业培训补贴、设施设备购置补贴、网络资费补助、一次性创业补贴；对求职创业的应届高校残疾人毕业生给予补贴	《"十四五"残疾人保障和发展规划》
参加培训的残疾人	支持残疾人结合自身实际需求，自主选择参加职业技能培训。残疾人劳动者在户籍地、常住地、求职地参加培训取得证书，按规定给予职业培训补贴。残疾人参加国内国际职业技能竞赛等实训，可按规定给予职业培训补贴（不含获奖人员奖金、差旅费、交通食宿费、工杂费等其他费用）	《"十四五"残疾人职业技能提升计划》
残疾学生	残疾学生见习补贴。对符合条件的残疾学生在见习期间给予一定标准的补贴	《"十四五"残疾人保障和发展规划》
农村残疾人	有关部门对从事农业生产劳动的农村残疾人，应当在生产服务、技术指导、农用物资供应、农副产品收购和信贷等方面给予帮助	《残疾人就业条例》

资料来源：《中国残疾人发展与社会进步年度纵览（2023）》。

《中华人民共和国残疾人保障法》《中华人民共和国个人所得税法》《促进残疾人就业增值税优惠政策管理办法》《关于安置残疾人员就业有关企业所得税优惠政策问题的通知》（财税〔2009〕70号）等法律法规中都提出了相关的税收优惠以促进残疾人就业。我国促进残疾人就业的税收政策见表 2-3。

表 2-3　国家促进残疾人就业的税收政策

优惠类别	具体内容	政策依据
残疾人个人税收优惠	残疾、孤老人员和烈属的所得可以减征个人所得税，具体幅度和期限，由省、自治区、直辖市人民政府规定，并报同级人民代表大会常务委员会备案。具体所得项目为：工资、薪金所得；劳务报酬所得；稿酬所得；特许权使用费所得；经营所得；利息、股息、红利所得；财产租赁所得；财产转让所得；偶然所得	《中华人民共和国个人所得税法》
	残疾人个人提供的加工、修理修配劳务；为社会提供的服务，免征增值税	《关于促进残疾人就业增值税优惠政策的通知》（财税〔2016〕52 号）《关于全面推开营业税改征增值税试点的通知》（财税〔2016〕36 号）

二、福建省政策

（一）残疾人自主就业创业

各省为落实中国残疾人联合会、国家发展和改革委员会、民政部、财政部等 15 部门发布的《关于扶持残疾人自主就业创业的意见》中的相关规定，进一步促进残疾人自主就业创业，都相继出台了地方性政策。福建省于 2014 年及 2019 年相继出台《福建省人民政府关于进一步加强扶残助残工作的意见》（闽政〔2014〕48 号）与《关于扶持残疾人自主创业和灵活就业的实施意见》（闽残联教就〔2019〕43 号）。福建省级扶持政策具体见表 2-4。

表2-4 福建省扶持残疾人就业创业政策

类别	扶持对象	政策内容	政策依据
鼓励接纳高校残疾人毕业生就业	按照规定安置高校残疾人毕业生就业的用人单位	给予每人每年5000元补贴	《福建省人民政府关于进一步加强扶残助残工作的意见》（闽政〔2014〕48号）
促进残疾人就业创业扶持政策	首次创办小微企业或者从事个体经营的残疾人	给予每人不超过1万元的一次性创业补贴	《关于扶持残疾人自主创业和灵活就业的实施意见》（闽残联教就〔2019〕43号）
	残疾人初创3年内吸纳就业（签订1年以上期限劳动合同并缴纳社会保险费）的小微企业	给予每人不超过1000元，总额不超过3万元的创业带动就业补贴	
	在毕业年度内有就业创业意愿并积极求职创业的残疾毕业生	给予每人2000元的一次性求职创业补贴，参加创业培训并取得创业培训合格证书的，符合条件的人员可享受不超过1200元/人的创业培训补贴	
	残疾人创办符合条件的小型微利企业	年应纳税所得额不超过100万元的部分，减按25%计入应纳税所得额，按20%的税率缴纳企业所得税；年应纳税所得额超过100万元但不超过300万元的部分，减按50%计入应纳税所得额，按20%的税率缴纳企业所得税	

《残疾人就业条例》规定，国家对自主择业、自主创业的残疾人在一定期限内给予小额信贷等扶持。福建省相关具体政策汇总见表2-5。

表 2-5 福建省扶持残疾人自主创业就业贷款政策

地区	扶持对象	政策内容	政策依据
福建省	自主创业的符合条件的残疾人	残疾大学生：可申请最高 30 万元创业担保贷款	《关于扶持残疾人自主创业和灵活就业的实施意见》（闽残联教就〔2019〕43 号）
		其他残疾人：可申请最高 15 万元创业担保贷款	
	自主择业、自主创业的残疾人	享受创业小额信贷政策	

（二）残疾人职业技能提升

《"十四五"残疾人职业技能提升计划》指出："支持残疾人结合自身实际需求，自主选择参加职业技能培训。残疾人劳动者在户籍地、常住地、求职地参加培训取得证书，按规定给予职业培训补贴。残疾人参加国内国际职业技能竞赛等实训，可按规定给予职业培训补贴（不含获奖人员奖金、差旅费、交通食宿费、工杂费等其他费用）。"各地相继出台相关法规以进一步落实《"十四五"残疾人职业技能提升计划》的要求，福建省相关具体政策汇总如表 2-6 所示。

表 2-6 福建省残疾人职业技能提升政策

地区	补助对象	政策内容	政策依据
福建省	积极参加职业技能培训的残疾人	符合条件的按规定给予培训费、生活费、交通费等补贴	《福建省促进残疾人就业三年行动实施方案（2022—2024 年）》
	参加国内国际职业技能竞赛等实训的残疾人	按规定给予职业培训补贴	《关于印发〈福建省"十四五"残疾人职业技能提升实施方案〉的通知》（闽残联教就〔2022〕119 号）
	吸纳高校残疾毕业生参加就业见习的单位	给予不低于当地最低工资标准的就业见习补贴	《福建省人民政府关于印发福建省"十四五"残疾人保障和发展规划的通知》（闽政〔2021〕26 号）

根据《国家职业技能竞赛技术规程》（试行）的规定，职业技能竞赛是依据国家职业标准，密切结合生产实际开展的、有组织的群众性职业技术技能比赛活动。我国于1989年在湖北省武汉市举办"第一届全国残疾人职业技能竞赛"，经国务院批准，2003年起全国残疾人职业技能竞赛与国际接轨，每四年举办一次。2007年，《残疾人就业条例》将这一赛事正式以法规的形式进行确认。举办残疾人职业技能大赛，是为了强化残疾人就业培训工作力度，挖掘残疾人特殊潜能，适应现代化经济体系和技能人才队伍发展要求，拓展残疾人就业领域、提升就业层次，促进残疾人就业创业高质量发展；是为了引领广大残疾人劳动者立足本职岗位，钻研新理论、掌握新技能、争创新业绩，带动更多残疾人走技能成才、技能报国之路。

（三）金融税收支持政策

《中华人民共和国个人所得税法》规定，残疾、孤老人员和烈属的所得可以减征个人所得税，具体幅度和期限，由省、自治区、直辖市人民政府规定，并报同级人民代表大会常务委员会备案。以福建省为例，残疾人所得按每人每年12000元的限额减免年应纳个人所得税税额［《福建省财政厅 国家税务总局福建省税务局关于减征个人所得税政策的通知》（闽财税〔2019〕23号）］。

三、厦门市政策

（一）残疾人自主创业就业扶持

厦门市在福建省的扶持政策基础上又进一步细化残疾人自主创业就业的扶持政策，于2019年出台《厦门市残疾人自主创业就业扶持办法》。以下是关于厦门市残疾人就业创业扶持政策的梳理。

1. 政策依据

《厦门市残疾人联合会 厦门市财政局 厦门市人力资源和社会保障局关于印发厦门市残疾人自主创业就业扶持办法的通知》（厦残联〔2019〕

33 号）。

2. 扶持对象

在法定劳动年龄内、有就业愿望、持有由残联核发的《中华人民共和国残疾人证》的残疾人或厦门户籍持有《中华人民共和国残疾军人证》的退役残疾军人。

3. 扶持项目

1）一次性创业奖励

申请条件：取得厦门市市场监督管理部门核发的法人商事主体营业执照、民政部门登记核发的《民办非企业单位登记证书》、市场监督管理部门核发的非法人商事主体营业执照以及其他政府行政管理部门核发的经营执照并正常经营半年以上。

奖励标准：创办企业法人商事主体给予 1.5 万元、创办民办非企业单位给予 1 万元、创办非法人商事主体给予 5000 元。视力残疾人取得经营许可证创办盲人按摩保健机构给予 1 万元、取得《医疗机构执业许可证》创办盲人医疗按摩机构给予 2 万元一次性创业奖励。评选为省盲人保健按摩示范机构或盲人医疗按摩示范机构的，给予 5 万元一次性奖励。

申请时间：符合条件的对象在领取经营许可证照且正常经营满半年后的次月 1 日至 20 日申请办理。

所需材料：申请人户口簿原件和复印件；《厦门市残疾人自主创业一次性奖励申请审批表》；运营许可证照原件和复印件；申请人本人的《就业创业登记证》原件和复印件。申请人为非法人或业主（股东）的，还需提供经报备或批准的有其名单的公司章程。

承办部门：申请人按要求携带上述材料向户籍所在地居（村）委会提交申请。

2）创业带动就业奖励

申请条件：厦门户籍残疾人自主创业后安置厦门户籍残疾人就业，并与其签订一年以上劳动合同、缴纳社会保险且实际在岗就业一年以上。

（享受增值税退税优惠政策和超比例安排残疾人就业奖励政策的单位除外）

奖励标准：2000 元/人·年，为期 3 年。

申请时间：每年 7 月 1 日至 31 日。

所需材料：《厦门市残疾人创业带动就业奖励申请审批表》；运营许可证照原件和复印件；申请人本人的《就业创业登记证》原件和复印件；经市残疾人就业服务中心确认的《在岗残疾职工核定结果通知单》；与残疾人签订的劳动合同、工资发放凭证（加盖银行业务章）、由税务部门出具并确认的用人单位为残疾人缴纳社会保险证明、所招收残疾人的《就业创业登记证》。

承办部门：申请人按要求携带上述材料向户籍所在地居（村）委会提交申请。

3）经营补贴

申请条件：申请人在领取一次性创业奖励后，正常经营满一年。

补贴标准：5000 元/年，为期 3 年。

申请时间：每年 7 月 1 日至 31 日。

所需材料：《厦门市残疾人自主创业经营补贴和社保补助申请审批表》；运营许可证照原件和复印件；申请人本人《就业创业登记证》原件和复印件；社会保险费缴费凭证原件及复印件。

承办部门：申请人按要求携带上述材料向户籍所在地居（村）委会提交申请。

4）社保补助

申请对象：按规定缴纳职工基本养老保险和职工基本医疗保险的自主创业残疾人。已达法定退休年龄时累计缴费年限未达到最低缴费年限，且按照有关规定进行延缴或补缴的自主创业残疾人。安置残疾人员工的自主创业残疾人用人单位、非残疾人个体工商户及小微企业。

补贴标准：根据省市相关规定，目前以全省全口径城镇就业人员平均工资的 60% 为缴费基数，按照人力资源和社会保障等部门公布的比例计算补贴金额。实际缴费低于公布的缴费基数的，以实际缴纳的用人单位缴交部分计算。

申请时间：每年 7 月 1 日至 31 日。

所需材料：同"经营补贴"申请材料。安置残疾人员工，符合条件的自主创业残疾人用人单位、非残疾人个体工商户及小微企业还需提供《厦门市安置残疾人就业社保补助申请审批表》。申请社保补缴补助的还需提供《厦门市社会保险费政策性缴费个人核定通知单》原件或有效复印件。

承办部门：申请人按要求携带上述材料向户籍所在地居（村）委会提交申请。符合条件的用人单位向经营地点所在区残疾人就业服务机构申报。

排外条款：

同一年度同一残疾人不能重复享受人力资源社会保障部门对就业困难人员的社会保险补贴。

已享受计入其他用人单位按比例就业、超比例就业奖励、残疾人公益性岗位扶持的残疾人，不能享受补贴和奖励政策。

（二）残疾人大学生就业援助

1. 政策依据

《厦门市残疾人联合会 厦门市财政局关于对我市残疾人全日制普通高校毕业生进行就业援助的通知》（厦残联〔2014〕75 号），见表 2-7。

2. 援助对象

厦门户籍持有《中华人民共和国残疾人证》，在人力资源社会保障部门办理了就业登记并与用人单位签订一年以上劳动合同，或经人力资源社会保障部门认定为灵活就业及经区残联认定为自主创业的残疾人全日制普通高校毕业生。

3. 援助标准

1）用人单位奖励性补贴：5000 元/人·年。

2）毕业生综合补贴：1万元/年。

4. 申请程序

1）用人单位

申请时间：每年9月10日前申请上一年度补贴资金。

所需材料：《用人单位安置残疾人全日制普通高校毕业生奖励申请表》，聘用毕业生的《中华人民共和国残疾人证》、毕业证、《就业失业登记证》，劳动合同原件及复印件各一份，税务部门出具的社保缴交证明，加盖银行业务章的工资发放证明。

承办部门：向聘用毕业生户籍所在区残疾人就业管理机构申请。

2）高校毕业生

申请时间：与用人单位签订劳动合同或经有关部门认定为灵活就业、自主创业满一年后的次月。

所需材料：《中华人民共和国残疾人证》、毕业证、《就业失业登记证》原件及复印件各一份；与用人单位签订的劳动合同或市场监管部门发放的营业执照原件及复印件一份；税务部门出具的社保缴交证明或户口所在地社区出具的灵活就业证明原件及复印件一份；填写完整的《××区残疾人全日制普通高校毕业生就业援助补贴和奖励申请审批表》。

承办部门：向户籍所在区残疾人就业管理机构申请。

表2-7　厦门市促进残疾人高校毕业生就业政策

支持对象	政策内容	政策依据
用人单位	对辖区内的用人单位（不含财政拨款的单位和公益性岗位）按规定与新安置的全日制普通高校残疾人毕业生签订1年以上劳动合同并办理社会保险的，按照每人每年5000元标准给予最长期限为3年的奖励性补贴 用人单位接收援助对象可按照《关于进一步做好促进本市居民就业和企业用工服务工作的若干意见》（厦人社〔2013〕126号）的规定，向人社部门申请享受社会保险补贴	《厦门市残疾人联合会 厦门市财政局关于对我市残疾人全日制普通高校毕业生进行就业援助的通知》（厦残联〔2014〕75号）

支持对象	政策内容	政策依据
残疾人高校毕业生	对与用人单位签订劳动合同，或经认定为自主创业和灵活就业的援助对象，实际工作每满 1 年的，给予其 1 万元综合补贴 援助对象从事自主创业的，除了可按照《厦门市关于扶持残疾人自主创业的通知》（厦残联〔2012〕8 号）的规定申请相关补贴和奖励，还可按照《关于厦门市残疾人个体工商户参加职工基本养老保险和职工基本医疗保险经费补助的通知》（厦财社〔2008〕29 号）的规定申请相应社保补贴 经认定为灵活就业的援助对象，可按照《关于进一步做好促进本市居民就业和企业用工服务工作的若干意见》（厦人社〔2013〕126 号）的规定，向人社部门申请享受社会保险补贴 援助对象可按照《关于进一步做好全日制普通高校毕业生就业工作意见的通知》（厦府办〔2013〕217 号）的规定，申请享受其他政策优惠项目	《厦门市残疾人联合会 厦门市财政局关于对我市残疾人全日制普通高校毕业生进行就业援助的通知》（厦残联〔2014〕75 号）

第二节　面向用人单位的政策

残疾人就业政策不仅需要支持就业年龄段残疾人提升就业意愿和就业能力，更要鼓励和引导用人单位为残疾人提供更多就业空间，承担社会责任。我国残疾人劳动就业实施集中与分散相结合的方针，采取优惠政策和扶持保护，通过多渠道、多层次、多种形式，使残疾人劳动就业逐步普及、稳定、合理。我国残疾人就业形式主要包括：按比例就业、集中就业、辅助性就业、个体和自主创业、公益性岗位、农村种养加以及灵活性就业。本节将在全国政策、福建省政策和厦门市政策的分层梳理之下，按照残疾人就业的类型分类汇总现有政策中针对残疾人用人单位的相关政策法规。

一、国家政策

（一）按比例就业

按比例就业是我国残疾人就业的主要形式之一，根据《残疾人就业条例》，用人单位应当按照一定比例安排残疾人就业，并为其提供适当的工种、岗位；用人单位安排残疾人就业的比例不得低于本单位在职职工总数的 1.5%；具体比例由省、自治区、直辖市人民政府根据本地区的实际情况规定。具体的政策法规如下。

第三十三条　国家实行按比例安排残疾人就业制度。

国家机关、社会团体、企业事业单位、民办非企业单位应当按照规定的比例安排残疾人就业，并为其选择适当的工种和岗位。达不到规定比例的，按照国家有关规定履行保障残疾人就业义务。国家鼓励用人单位超过规定比例安排残疾人就业。

——《中华人民共和国残疾人保障法》

第七条　用人单位将残疾人录用为在编人员或依法与就业年龄段内的残疾人签订 1 年以上（含 1 年）劳动合同（服务协议），且实际支付的工资不低于当地最低工资标准，并足额缴纳社会保险费的，方可计入用人单位所安排的残疾人就业人数。

用人单位安排 1 名持有《中华人民共和国残疾人证》（1 至 2 级）或《中华人民共和国残疾军人证》（1 至 3 级）的人员就业的，按照安排 2 名残疾人就业计算。

——《残疾人就业保障金征收使用管理办法》

为进一步推动按比例就业的实现，中共中央组织部等 7 部门《关于促进残疾人按比例就业的意见》（残联发〔2013〕11 号）鼓励党政机关、事业单位及国有企业带头安排残疾人就业，《"十四五"残疾人保障和发展规划》等文件对于党政机关、事业单位及国有企业聘用残疾人的比例作了更加详细的规定。

中共中央组织部等 7 部门《关于促进残疾人按比例就业的意见》（残联发〔2013〕11 号）规定，各级残疾人工作委员会成员单位要率先招录残疾人，继而带动其他党政机关。各级残联机关干部队伍中都要有一定数量的残疾人干部，其中省级残联机关干部队伍中残疾人干部的比例应达到 15% 以上。

各级党政机关在坚持具有正常履行职责的身体条件的前提下，对残疾人能够胜任的岗位，在同等条件下要鼓励优先录用残疾人；要督导所属各类事业单位做好按比例安排残疾人就业工作。国有和国有控股企业应根据行业特点，确定适合残疾人就业的岗位，招录符合岗位要求的残疾人就业。

> 党政机关、事业单位按比例安排残疾人就业项目。编制 50 人以上（含 50 人）的省级、地市级党政机关，编制 67 人以上（含 67 人）的事业单位（中小学、幼儿园除外），安排残疾人就业未达到规定比例的，2025 年前至少安排 1 名残疾人。县级及以上残联机关干部队伍中要有 15% 以上（含 15%）的残疾人。
>
> ——《"十四五"残疾人保障和发展规划》

《机关、事业单位、国有企业带头安排残疾人就业办法》和《促进残疾人就业三年行动方案（2022—2024 年）》也有相关规定。

> 推动用人单位设置残疾人就业岗位。各级党政机关、事业单位、国有企业应当带头招录（聘）和安置残疾人就业。各级残疾人就业服务机构要主动向用人单位介绍安排残疾人就业优惠政策、提供岗位改造咨询，充分调动用人单位安排残疾人就业的积极性；鼓励和引导用人单位针对残疾人状况，对工作岗位进行主动适应性调整，努力实现"以岗适人"。
>
> ——《关于完善残疾人就业保障金制度更好促进残疾人就业的总体方案》

为确保残疾人按比例就业目标的实现、促进按比例安排残疾人就业，我国采取激励加缴纳就业保障金并举的方式。在激励方面，主要包括金融政策及税收政策。在就业保障金方面，若用人单位未达到按比例就业规定的最低比例，则需要缴纳就业保障金。

第九条 用人单位安排残疾人就业达不到其所在地省、自治区、直辖市人民政府规定比例的，应当缴纳残疾人就业保障金。

——《残疾人就业条例》

第八条 保障金按上年用人单位安排残疾人就业未达到规定比例的差额人数和本单位在职职工年平均工资之积计算缴纳。计算公式如下：

保障金年缴纳额＝（上年用人单位在职职工人数×所在地省、自治区、直辖市人民政府规定的安排残疾人就业比例－上年用人单位实际安排的残疾人就业人数）×上年用人单位在职职工年平均工资。

用人单位在职职工，是指用人单位在编人员或依法与用人单位签订1年以上（含1年）劳动合同（服务协议）的人员。季节性用工应当折算为年平均用工人数。以劳务派遣用工的，计入派遣单位在职职工人数。

用人单位安排残疾人就业未达到规定比例的差额人数，以公式计算结果为准，可以不是整数。

上年用人单位在职职工年平均工资，按用人单位上年在职职工工资总额除以用人单位在职职工人数计算。

——《残疾人就业保障金征收使用管理办法》

（二）集中就业

集中就业是指残疾人到集中使用残疾人的用人单位进行就业。集中使用残疾人的用人单位要符合用人单位中从事全日制工作的残疾人职工占本单位在职职工总数的25%以上；残疾人职工不少于10人（盲人按摩机构为不少于5人）等条件。集中就业单位也称为福利企业，目前集中使用残疾人的用人单位有盲人按摩机构、职业康复工厂、集中就业基地等。

第十条 政府和社会依法兴办的残疾人福利企业、盲人按摩机构和其他福利性单位（以下统称集中使用残疾人的用人单位），应当集中安排残疾人就业。

集中使用残疾人的用人单位的资格认定，按照国家有关规定执行。

第十一条 集中使用残疾人的用人单位中从事全日制工作的残疾人职工，应当占本单位在职职工总数的 25% 以上。

第十七条 国家对集中使用残疾人的用人单位依法给予税收优惠，并在生产、经营、技术、资金、物资、场地使用等方面给予扶持。

——《残疾人就业条例》

（三）辅助性就业

辅助性就业是指组织就业年龄段内有就业意愿但难以进入竞争性劳动力市场的智力、精神和重度肢体残疾人从事生产劳动的一种集中就业形式，在劳动时间、劳动强度、劳动报酬和劳动协议签订等方面相对普通劳动者较为灵活。辅助性就业机构同时具有庇护性、非营利性、社会福利性等特点。通过支持辅助性就业的发展，保障了智力、精神和重度肢体残疾人的劳动权利。2015 年中国残联等 8 部门发布《关于发展残疾人辅助性就业的意见》（残联发〔2015〕27 号），强调了辅助性就业的重要意义，并对辅助性就业的具体发展内容作了部署。

《关于发展残疾人辅助性就业的意见》规定，公办或社会资本兴办的残疾人辅助性就业机构建设用地按公益事业建设用地纳入计划。加大金融支持力度，促进残疾人辅助性就业机构发展。

"十四五"期间，《"十四五"残疾人保障和发展规划》及《国务院办公厅关于印发促进残疾人就业三年行动方案（2022—2024 年）的通知》

（国办发〔2022〕6号）对辅助性就业作出了进一步的规划和要求。

　　残疾人辅助性就业项目。加强残疾人辅助性就业机构能力建设，鼓励引导市场主体和社会力量提供辅助性就业服务，提升残疾人就业水平和质量。

　　　　　　　　　　——《"十四五"残疾人保障和发展规划》

　　实施就业困难残疾人就业帮扶行动。各地建立的"阳光家园"、"残疾人之家"、残疾人托养机构、残疾人职业康复机构等普遍开展辅助性就业。发挥街道、社区、残疾人亲友组织、慈善组织、爱心企业等各方作用，推动辅助性就业加快发展。地市级残联普遍开展残疾人辅助性就业劳动项目调配工作，开发、收集、储备劳动项目，打造产品和服务品牌。有条件的地方在辅助性就业机构设置社会工作岗位，配备残疾人就业辅导员。各地将符合条件的就业困难残疾人全部纳入就业援助范围，并提供更具针对性的重点帮扶。统筹用好现有公益性岗位，促进符合条件的残疾人就业创业。（中国残联、人力资源社会保障部、民政部及各地区按职责分工负责）

　　　　——《国务院办公厅关于印发促进残疾人就业三年行动方案
　　　　（2022—2024年）的通知》（国办发〔2022〕6号）

（四）公益性岗位

《中华人民共和国残疾人保障法》规定，地方各级人民政府应当开发适合残疾人就业的公益性岗位；《残疾人就业条例》也强调要开发残疾人公益性岗位；《"十四五"残疾人保障和发展规划》提出，统筹现有公益性岗位，安排符合条件的残疾人就业。适合残疾人就业的公益性岗位见表2-8。

　　县级以上人民政府应当采取措施，拓宽残疾人就业渠道，开发适合残疾人就业的公益性岗位，保障残疾人就业。

　　　　　　　　　　　　　　　　——《残疾人就业条例》

残疾人公益性岗位项目。地方设立的乡村保洁员、水管员、护路员、生态护林员、社会救助协理员、农家书屋管理员、社区服务人员等公益性岗位优先安排残疾人。

——《"十四五"残疾人保障和发展规划》

表2-8　适合残疾人就业的公益性岗位范围

类别	岗位范围		
社会管理和公共服务类	话务员	记录员	计算机录入员
	交通协管员	公路收费员	城市道路停车泊位收费员
	公共停车场管理员	爱心报刊亭营业员	农村文化大院和农村书屋管理员
	环境卫生协管员	园林绿化协管员	市场协管员
	养老助残服务员	社区生活服务员	社区按摩康复服务员
	村庄环境巡查人员	城市规划协管员	消防安全服务员
	劳动保障协理员	社会保障员	夜间巡逻员
	市容监督员	路灯巡查员	城区社区残疾人工作协管员
残疾人事业类	街道、社区残联专干	残疾人专职委员	残疾人文体服务员
	残疾人就业协理员	残疾人就业扶贫服务员	居家助残服务员
	社区康复指导员	康复服务员	乡村振兴工作专员
	"阳光家园"服务员	"残疾人之家"专职管理员	
机关事业单位定编以外的工勤服务岗位类	盲人医疗按摩保健员	后勤保障员	学校公寓管理员
	保绿员	设施设备维护员	厨房工人
	图书室管理员	实验室管理员	护理员
	网格化信息人员	打字员	保洁

资料来源:《中国残疾人发展与社会进步年度纵览（2023）》。

（五）补贴及奖励政策

为鼓励用人单位雇用残疾人，我国出台了一系列政策法规，包括金融政策、税收政策，我国促进残疾人就业的财政政策见表2-9。

第三十六条　国家对安排残疾人就业达到、超过规定比例或者集中安排残疾人就业的用人单位和从事个体经营的残疾人，依法给予税收优惠，并在生产、经营、技术、资金、物资、场地等方面给予扶持。国家对从事个体经营的残疾人，免除行政事业性收费。

县级以上地方人民政府及其有关部门应当确定适合残疾人生产、经营的产品、项目，优先安排残疾人福利性单位生产或者经营，并根据残疾人福利性单位的生产特点确定某些产品由其专产。

政府采购，在同等条件下应当优先购买残疾人福利性单位的产品或者服务。

地方各级人民政府应当开发适合残疾人就业的公益性岗位。

对申请从事个体经营的残疾人，有关部门应当优先核发营业执照。

对从事各类生产劳动的农村残疾人，有关部门应当在生产服务、技术指导、农用物资供应、农副产品购销和信贷等方面，给予帮助。

——《中华人民共和国残疾人保障法》

第十七条　国家鼓励企业增加就业岗位，扶持失业人员和残疾人就业，对下列企业、人员依法给予税收优惠：

（一）吸纳符合国家规定条件的失业人员达到规定要求的企业；

（二）失业人员创办的中小企业；

（三）安置残疾人员达到规定比例或者集中使用残疾人的企业；

（四）从事个体经营的符合国家规定条件的失业人员；

（五）从事个体经营的残疾人；

（六）国务院规定给予税收优惠的其他企业、人员。

——《中华人民共和国就业促进法》

第十七条　国家对集中使用残疾人的用人单位依法给予税收优惠，并在生产、经营、技术、资金、物资、场地使用等方面给予扶持。

——《残疾人就业条例》

对安置残疾人的单位和个体工商户（以下称纳税人），实行由税务机关按纳税人安置残疾人的人数，限额即征即退增值税的办法。

——《关于促进残疾人就业增值税优惠政策的通知》（财税〔2016〕52号）

第九条　纳税人本期应退增值税额按以下公式计算：

本期应退增值税额＝本期所含月份每月应退增值税额之和

月应退增值税额＝纳税人本月安置残疾人员人数×本月月最低工资标准的4倍

月最低工资标准，是指纳税人所在区县（含县级市、旗）适用的经省（含自治区、直辖市、计划单列市）人民政府批准的月最低工资标准。

纳税人本期已缴增值税额小于本期应退税额不足退还的，可在本年度内以前纳税期已缴增值税额扣除已退增值税额的余额中退还，仍不足退还的可结转本年度内以后纳税期退还。年度已缴增值税额小于或等于年度应退税额的，退税额为年度已缴增值税额；年度已缴增值税额大于年度应退税额的，退税额为年度应退税额。年度已缴增值税额不足退还的，不得结转以后年度退还。

——《促进残疾人就业增值税优惠政策管理办法》

《"十四五"残疾人保障和发展规划》规定，对正式招录（聘）残疾人的用人单位，按规定给予岗位补贴、社会保险补贴、职业培训补贴、设施设备购置改造补贴、职业技能鉴定补贴；对超比例安排残疾人就业的用人单位给予奖励。

表 2-9 国家促进残疾人就业的财政政策

补贴类别	具体内容	政策依据
岗位补贴	对正式招录（聘）残疾人的用人单位，按规定给予岗位补贴	《"十四五"残疾人保障和发展规划》
社会保险补贴	对吸纳残疾人就业并符合条件的用人单位，按规定给予社会保险补贴 符合就业困难人员条件的残疾人实现灵活就业的，按规定给予社会保险补贴，由就业补助资金支出 用人单位雇用就业年龄段残疾人，并为残疾人职工实际缴纳社会保险的，可按规定申请吸纳就业困难人员社保补贴	《关于促进残疾人按比例就业的意见》（残联发〔2013〕11号） 《关于扶持残疾人自主就业创业的意见》（残联发〔2018〕6号）

资料来源：《中国残疾人发展与社会进步年度纵览（2023）》。

（六）无障碍环境建设

1990年12月28日第七届全国人民代表大会常务委员会第十七次会议通过，2008年4月24日第十一届全国人民代表大会常务委员会第二次会议修订，根据2018年10月26日第十三届全国人民代表大会常务委员会第六次会议修正的《中华人民共和国残疾人保障法》提出，残疾人用人单位"在职工的招用、转正、晋级、职称评定、劳动报酬、生活福利、休息休假、社会保险等方面，不得歧视残疾人"。《残疾人就业条例》指出，"用人单位招用残疾人职工，应当依法与其签订劳动合同或者服务协议"。无障碍环境是残疾人实现就业的重要保障条件，对于无障碍环境建设，我国法律法规有明确规定。

第三十八条 残疾职工所在单位应当根据残疾职工的特点，提供适当的劳动条件和劳动保护，并根据实际需要对劳动场所、劳动设备和生活设施进行改造。

第三十九条　残疾职工所在单位应当对残疾职工进行岗位技术培训，提高其劳动技能和技术水平。

第五十二条　国家和社会应当采取措施，逐步完善无障碍设施，推进信息交流无障碍，为残疾人平等参与社会生活创造无障碍环境。

各级人民政府应当对无障碍环境建设进行统筹规划，综合协调，加强监督管理。

——《中华人民共和国残疾人保障法》

《"十四五"残疾人保障和发展规划》中对无障碍作了系统规划，无障碍的重点项目包括无障碍设施和信息无障碍。

保障残疾人平等权利，为残疾人提供无障碍环境和便利化条件。

提升无障碍设施建设管理水平。新建设施严格执行无障碍相关标准规范。在乡村建设行动、城市更新行动、城镇老旧小区改造和居住社区建设中统筹推进无障碍设施建设和改造。城市道路、公共交通、社区服务设施、公共服务设施和残疾人服务设施、残疾人集中就业单位等加快开展无障碍设施建设和改造。提高残疾人家庭无障碍改造水平。加快推广无障碍公共厕所。探索传统无障碍设施设备数字化、智能化升级。开展无障碍市县村镇达标验收工作。提高无障碍设施规划建设管理水平，推进无障碍设计设施认证工作，提高全社会无障碍意识，加强无障碍监督，保障残疾人、老年人等通行安全和使用便利。

加快发展信息无障碍。将信息无障碍作为数字社会、数字政府、智慧城市建设的重要组成部分，纳入文明城市测评指标。推广便利普惠的电信服务，加快政府政务、公共服务、电子商务、电子导航等信息无障碍建设，加快普及互联网网站、移动互联网应用程序和自助公共服务设备无障碍。推进智能化服务要适应残疾人需求，智能工具应当便于残疾人日常生活使用。促进信息无障碍国家标准推广应用，加强对互联网内容可访问性的测试、认证能力建设，开展互联网和移动互联网无障碍化评级评价。支持研发生产科技水平高、性价比优的信息无障碍终端产品。

——《"十四五"残疾人保障和发展规划》

2023年6月28日第十四届全国人民代表大会常务委员会第三次会议通过的《中华人民共和国无障碍环境建设法》对无障碍环境建设作出了更加具体的要求，具体包括无障碍设施建设、无障碍信息交流、无障碍社会服务、保障措施等部分。

第二十条　残疾人集中就业单位应当按照有关标准和要求，建设和改造无障碍设施。

国家鼓励和支持用人单位开展就业场所无障碍设施建设和改造，为残疾人职工提供必要的劳动条件和便利。

——《中华人民共和国无障碍环境建设法》

（七）残疾人按比例就业认证

全国残疾人按比例就业情况联网认证是一种帮助残疾人实现就业的重要措施。各省市行政区域内机关、社会团体、企业、事业单位和民办非企业单位必须通过联网认证系统开展残疾人按比例就业年审工作并向税务机关传送有关信息。该认证旨在确保企业和单位按照规定的比例招聘一定数量的残疾人，并为其提供平等的工作机会和待遇。全国残疾人按比例就业情况联网认证即用人单位按比例就业年审申报时间为每年3月1日至10月31日（具体内容请关注当地残联公告）。相关单位需在申报期内通过全国残疾人按比例就业情况联网认证系统进行申报，残联将根据所提供材料进行按比例安排残疾人就业人数认定。

为进一步优化"残疾人按比例就业认证"，2020年9月，国务院办公厅《关于加快推进政务服务"跨省通办"的指导意见》（国办发〔2020〕

35 号）印发实施，将"全国残疾人按比例就业情况联网认证"纳入 2021
年底前实现"跨省通办"的事项。

2021 年 4 月，中国残联、人力资源和社会保障部、退役军人事务部、
国家税务总局、市场监督管理总局、国家医保局 6 部门联合印发《关于做
好全国残疾人按比例就业情况联网认证"跨省通办"有关工作的通知》
（残联发〔2021〕16 号）。

2022 年 1 月，全国残疾人按比例就业情况联网认证事项上线"全国一
体化在线政务服务平台'跨省通办'服务专区"，31 个省（自治区、直辖
市）和新疆生产建设兵团均设立了地方事项。

二、福建省政策

（一）补贴及奖励政策

为鼓励和促进用人单位安排残疾人更好地就业，福建省对按照相关规
定安排残疾人就业的用人单位，给予用人单位岗位补贴。对招用残疾人、
签订劳动合同并缴纳社会保险费的用人单位，在一定期限内给予社会保险
补贴。对灵活就业并缴纳社会保险费的残疾人，给予一定比例的社会保险
补贴，见表 2-10。

表 2-10 福建省残疾人用人补贴政策

类型	补贴对象	政策内容
用人单位岗位补贴	安排高校残疾毕业生的用人单位	按每人每年 5000 元标准给予补贴，补贴年限为 3 年
	按规定设置公益性岗位招用残疾人的用人单位	按不低于当地最低工资标准的 50% 给予补贴。补贴期除对距法定退休年龄不足 5 年的人员可延长至退休之外，其余人员最长不超过 3 年

类型	补贴对象	政策内容
用人单位岗位补贴	超比例安排残疾人（有1人以上具有本地户籍）就业的用人单位	按照每人每年1个月当地月最低工资的标准给予安排残疾人就业岗位补贴
		每超额安排1名残疾人，按照当地月最低工资标准5倍给予奖励（核定奖励残疾人就业人数不超过实际在岗本地户籍残疾职工数）
社会保险补贴	自主创业或从事个体经营实现就业的残疾人及其安置的残疾员工，符合条件并以个人身份缴纳基本养老、基本医疗保险的	每年按照当地灵活就业人员基本养老保险、基本医疗保险最低缴费基数缴费金额的50%给予社会保险补贴
	雇用就业年龄段残疾人，并为残疾职工实际缴纳社会保险的用人单位	可按规定申请吸纳就业困难人员社保补贴

（二）公益性岗位

福建省的公益性岗位可以获得就业补助金，《关于印发〈福建省就业补助资金管理实施办法〉的通知》（闽财社〔2019〕11号）中对于公益性岗位的补贴作出了具体要求。

第四条第二款　对个人和单位的补贴资金用于职业培训补贴、职业技能鉴定补贴、社会保险补贴、公益性岗位补贴、创业补贴、就业见习补贴、求职创业补贴等支出；公共就业服务能力建设补助资金用于就业创业服务补助和高技能人才培养补助等支出。

第十一条　用人单位按规定设置公益性岗位招用就业困难人员，与其签订1年以上期限劳动合同并按规定缴纳社会保险费的，按实际安排就业困难人员人数给予公益性岗位补贴。公益性岗位的补贴标准参照当地最低工资标准执行。

  ——《关于印发〈福建省就业补助资金管理实施办法〉的通
   知》（闽财社〔2019〕11 号）

为进一步落实《关于做好公益性岗位开发管理有关工作的通知》（人
社部发〔2019〕124 号）的具体要求，福建省于 2020 年发布《关于做好
公益性岗位开发管理有关工作的通知》（闽人社文〔2020〕18 号），对公
益性岗位的性质、聘任、管理、退出等内容作出了进一步的细化。其中，
闽人社文〔2020〕18 号关于"乡村公益性岗位开发管理"的具体内容
如下：

  乡村公益性岗位遵循公益性岗位政策总体要求，优先安置
"无法离乡、无业可扶、无力脱贫"且有能力胜任岗位工作的建
档立卡贫困劳动力，岗位补贴标准原则上不高于当地城镇公益性
岗位补贴水平，补贴期限最长不超过 3 年。

  ——《关于做好公益性岗位开发管理有关工作的通知》（闽人
   社文〔2020〕18 号）

三、厦门市政策

（一）按比例就业

各省（自治区、直辖市）也相继出台政策规定以落实按比例就业的
要求，厦门市于 2006 年出台《厦门市按比例安排残疾人就业实施办
法》，根据当地具体情况，对于按比例就业的比例及要求作了进一步的
界定。

  第五条　用人单位应按本单位职工总数 0.8% 的比例安排残
疾人就业。

  用人单位每安排 1 名盲人或 1 名一级肢体残疾人就业的，按
安排两名残疾人计算。

  第七条第二款　按比例安排残疾人就业的人数不足 1 人的，

可安排1名残疾人就业；也可按相应比例缴纳残疾人就业保障金。

第七条第三款 用人单位超比例安排残疾人就业的，应给予奖励。

——《厦门市按比例安排残疾人就业实施办法》

在激励方面，厦门市相继出台《厦门市超比例安排残疾人就业奖励办法》及《厦门市残疾人联合会关于简化〈厦门市超比例安排残疾人就业奖励办法〉申请审批程序的通知》（厦残联〔2021〕60号），以鼓励用人单位安排残疾人就业，稳定和促进残疾人按比例就业工作。

在就业保障金方面，厦门市的最低比例为0.8%，若用人单位未达到这一比例，则需要按照《厦门市按比例安排残疾人就业实施办法》的规定缴纳保障金。

第七条第一款 用人单位未按照本办法第五条规定的比例安排残疾人就业的，应按照年度差额人数和上一年度全市职工年平均工资的60%计算缴纳残疾人就业保障金。

——《厦门市按比例安排残疾人就业实施办法》

就业保障金的功能是促进残疾人就业，为使就业保障金最大限度地发挥其功能，需要进一步完善就业保障金制度，《关于完善残疾人就业保障金制度 更好促进残疾人就业的总体方案》对于残疾人就业保障金的征收作了进一步的明确，具体内容如下：

（三）实行分档征收。将残保金由单一标准征收调整为分档征收，用人单位安排残疾人就业比例1%（含）以上但低于本省（区、市）规定比例的，三年内按应缴费额50%征收；1%以下的，三年内按应缴费额90%征收。

（四）暂免征收小微企业残保金。对在职职工总数30人（含）以下的企业，暂免征收残保金。

（五）明确社会平均工资口径。残保金征收标准上限仍按当地社会平均工资的2倍执行，社会平均工资的口径为城镇私营单位和非私营单位就业人员加权平均工资。

——《关于完善残疾人就业保障金制度 更好促进残疾人就业
的总体方案》

(二) 辅助性就业

为落实残疾人辅助性就业相关文件的要求,各省(自治区、直辖市)出台相关政策,厦门市各区福乐家园和街(镇)残疾人职业援助中心发挥了推动残疾人辅助性就业的功能。《厦门市建立轻度智力和精神残疾人庇护工场的实施方案》指出,要建立"福乐家园",福乐家园是以组织轻度智力和精神残疾人员从事简单劳动,并开展技能培训、康复训练和文体活动、帮助智力和精神残疾人提高生活自理能力、劳动能力和社会交往能力的公益性社会服务机构。厦门市残联于 2010 年发布的《关于规范"福乐家园"工作人员工资福利待遇及相关经费的通知》(厦残联〔2010〕53号),进一步细化了福乐家园的建设要求。厦门市人民政府办公厅《关于印发厦门市建立街(镇)残疾人职业援助中心实施方案的通知》(厦府办〔2011〕160号),为了让就业年龄段未实现就业的残疾人走出家门,进一步完善厦门市残疾人就业服务体系,在厦门市各街(镇)普遍建立援助中心,援助中心的服务内容包括:职业技能评估、社会适应能力训练、职业技能训练、职业指导及就业咨询、推荐就业及就业后的跟踪服务、设立工场并组织简单来料加工、体能康复训练及文体活动、开展思想教育和心理辅导。同时,针对辅助性就业机构,依据厦门市《关于扶持残疾人辅助性就业机构发展的通知》(厦残规〔2020〕2号),向符合条件的残疾人辅助性就业机构提供一次性建设经费补贴、运行费用补贴、社会保险补贴、安置残疾人就业奖励。按照举办主体的不同,厦门市残疾人辅助性就业服务机构主要分为公办辅助性就业机构、社会力量创办辅助性就业机构。

(三) 公益性岗位

为进一步充分发挥公益性岗位就业保障作用,厦门市根据国家和省级的政策文件有关精神及厦门市实际发布了《关于做好公益性岗位开发管理有关工作的通知》（厦人社〔2023〕189号），对公益性岗位开发管理有关政策内容进行完善。该通知对公益性岗位性质、开发及认定、聘任、人员管理及退出、补贴、评估机制及监督管理等事项作出了更加细致、明确的规定。厦门市公益性岗位目录如下：

1. 基层人力资源和社会保障管理类岗位。包括劳动保障协理、就业援助、创业服务、用工监测统计等。

2. 基层农业服务类岗位。包括科技协理、护林防火等。

3. 基层医疗卫生类岗位。包括医疗卫生协理等。

4. 基层文化科技服务类岗位。包括文化协理等。

5. 基层法律服务类岗位。包括法律协理、民事调解等。

6. 基层民政（托老托幼）助残服务类岗位。包括民政协理、护理服务（老年人、残疾人、幼儿）、社区助老助幼助残服务、社区便民服务（配送、食堂等）、社会救助协理等。

7. 基层市政管理类岗位。包括交通、城管、物业、殡葬、治安、工商、市场、税务、流动人口、环境保护、消防安全协管，村级规划建设等。

8. 基层公共环境与设施管理服务类岗位。包括保安、保洁、保绿，园林、公共设施、水电管理等。

9. 应急突发事件需聘用的岗位。

（四）无障碍环境

近年来，厦门市不断推动完善无障碍环境建设，为残疾人平等参与社会生活创造条件。早在2004年，厦门市就制定出台了《厦门市无障碍设施建设与管理规定》。《无障碍环境建设条例》《福建省无障碍设施建设和使用管理办法》等法规规章以及住建部、工信部、民政部、中国残联、老龄委等部门《关于开展无障碍环境市县村镇创建工作的通知》《创建无障碍环境工作标准》《无障碍设计规范》等有关标准规范，都对厦门市无障碍化建设起到了推动作用。2005年2月25日，厦门市荣获"全国无障碍设施建设示范城市"称号。

厦门市建设局于 2019 年发布《关于进一步加强无障碍设施工程建设管理的指导意见》（厦建城建〔2019〕12 号），进一步加强无障碍设施工程建设管理工作。该意见对设计单位、施工单位及建设单位等主体提出了更加具体的工作要求；对公共建筑、居住建筑、居住区、市政道路、停车场等场所作出了无障碍化建设的要求。

（五）残疾人按比例就业认证

为更好保障残疾人的合法权益、促进按比例安排残疾人就业、规范对用人单位在岗残疾职工的申报核定，厦门市于 2013 年发布《厦门市在岗残疾职工申报核定实施细则》。2022 年发布的《关于做好我市残疾人按比例就业情况联网认证"跨省通办"有关工作的通知》（厦残联〔2022〕10 号）对这一事项作了更加具体的安排。

同时，为了切实保障残疾人就业的合法权益，厦门市残联发布《关于加强按比例安排残疾人就业情况核查工作的通知》（厦残联〔2022〕53 号）对按比例就业进行核查。

第三节　面向就业服务机构的政策

残疾人就业的高质量发展离不开专业机构和专业人才队伍的支持。2017 年，人力资源和社会保障部办公厅印发了《关于推进公共就业服务专业化的意见》（人社厅发〔2017〕86 号），从职业指导、信息服务、就业服务模式以及就业支持队伍建设等方面提出了建议指导。《"十四五"残疾人保障和发展规划》要求，采取政府购买服务、政府和社会资本合作等方式，加快培育助残社会组织和企业，吸引社会力量和市场主体参与残疾人服务，残疾人就业服务是其中的重要方面。

中国残联是经国务院批准和国家法律确认的将残疾人自身代表组织、社会福利团体和事业管理机构融为一体的残疾人事业团体，具有"代表、服务、管理"职能：代表残疾人共同利益，维护残疾人合法权益；开展各项业务和活动，直接为残疾人服务；承担政府委托的部分行政职能，发展和管理残疾人事业。中国残联及各省（自治区、直辖市）残疾人联合会是我国残疾人就业服务的主体机构，具体就业服务一般是由下设的残疾人就业服务中心承担，残疾人就业服务中心是各级残联所属的事业单位，专门承担残疾人所在区域的就业服务支持，是国家劳动就业服务体系的组成部分。

除各级残疾人联合会之外，残疾人就业服务机构还包括其他以支持残疾人就业为目标和工作内容的社会服务机构。残疾人就业服务机构是公共就业服务机构的重要组成部分，残疾人就业服务机构主要提供残疾人就业信息、开展残疾人就业培训、链接残疾人就业资源、建立残疾人就业信息档案等服务。对残疾人就业服务机构支持和引导也是我国残疾人就业支持政策的重要方面之一。

在梳理我国对残疾人就业服务机构相关政策时，发现国家级、省级、市级的政策主要包括登记注册、资金支持、考核评定、职业发展及专业能力等方面内容。具体内容如下。

一、全国政策

（一）注册管理

《残疾人就业条例》第二十一条规定：各级人民政府和有关部门应当为就业困难的残疾人提供有针对性的就业援助服务，鼓励和扶持职业培训机构为残疾人提供职业培训，并组织残疾人定期开展职业技能竞赛。《"十四五"残疾人保障和发展规划》要求："加强各级残疾人就业服务机构规范化建设，明确保障条件、专业人员配备等要求。"为加强对残疾人服务机构的规范管理，民政部、人力资源和社会保障部、国家卫生计生委、中国残联联合制定了《残疾人服务机构管理办法》，包括六章内容：总则、服务提供、内部管理、监督检查、法律责任、附则。

根据《残疾人服务机构管理办法》第四条，国务院民政、卫生计生、人力资源社会保障等有关部门是残疾人服务机构的行业管理部门，负责对全国残疾人服务机构进行指导、监督和管理。中国残疾人联合会及其地方组织依照相关法律法规或者接受政府委托，对残疾人服务机构进行监督。

根据《残疾人服务机构管理办法》第五条，残疾人服务机构应当依法登记。国家机关、事业单位举办或其他组织利用国有资产举办的非营利性残疾人服务机构，应当按照《事业单位登记管理暂行条例》等事业单位登记管理规定到事业单位登记（管理）机关办理登记。非营利性残疾人服务机构符合《民办非企业单位登记管理暂行条例》等民办非企业单位（社会服务机构）登记管理有关规定的，应当到民政部门办理登记。营利性残疾人服务机构，应当依据法律法规规定的管辖权限到工商行政管理部门办理登记。

同时，为促进社会力量支持残疾人服务机构的发展，《残疾人服务机构管理办法》第七条规定，鼓励公民、法人或者其他组织通过捐赠、设置公益慈善项目、提供志愿服务等方式，为残疾人服务机构提供帮助。

《残疾人服务机构管理办法》的第二章为"服务提供"，对残疾人服务机构的服务流程、服务内容作出了要求，其中第八条第二款强调了评估的重要性，残疾人服务机构应基于残疾人个别化特点制订服务方案。第十二条突出残疾人服务机构应关注残疾人的就业需求，并为其提供就业服务。具体内容如下。

第八条　残疾人服务机构接收残疾人，为残疾人提供服务前，应当对残疾人服务需求、身心状况等与服务相关的基本情况进行评估，并根据残疾类型、残疾等级和评估结果制定适合的服务方案，实施分级分类服务。

残疾人服务机构应当对接受服务的残疾人进行定期评估，并根据评估结果适时调整服务方案。

第十二条　对于具有劳动能力的残疾人，残疾人服务机构可以根据其特点，配备专业人员帮助其进行适当的社会康复和职业康复。

对于有就业意愿的残疾人，提供辅助性就业等服务的残疾人服务机构可以组织开展适宜的辅助性生产劳动项目，并与参与劳动的残疾人或残疾人亲属签订相关协议，符合劳动合同法律法规规定的，依法签订劳动合同。

——《残疾人服务机构管理办法》

《残疾人就业条例》规定了残疾人就业服务机构的就业服务内容及其他工作内容与权限。

第二十二条　中国残疾人联合会及其地方组织所属的残疾人就业服务机构应当免费为残疾人就业提供下列服务：

（一）发布残疾人就业信息；

（二）组织开展残疾人职业培训；

（三）为残疾人提供职业心理咨询、职业适应评估、职业康复训练、求职定向指导、职业介绍等服务；

（四）为残疾人自主择业提供必要的帮助；

（五）为用人单位安排残疾人就业提供必要的支持。

国家鼓励其他就业服务机构为残疾人就业提供免费服务。

第二十三条　受劳动保障部门的委托，残疾人就业服务机构可以进行残疾人失业登记、残疾人就业与失业统计；经所在地劳动保障部门批准，残疾人就业服务机构还可以进行残疾人职业技能鉴定。

——《残疾人就业条例》

综上而言，《残疾人服务机构管理办法》是维护和保障残疾人的合法权益的政策保障，进一步加强和规范了残疾人服务机构管理。残疾人就业服务机构是残疾人服务机构的重要组成部分，因此残疾人就业服务机构的注册登记与管理应按照《残疾人服务机构管理办法》落实。

（二）资金支持

残疾人就业服务机构的就业服务对于促进残疾人就业有积极作用，我国重视残疾人就业服务机构的建设，为其发展提供资金支持，资金来源于就业保障金。《残疾人就业条例》明确规定残疾人就业保障金主要用于残疾人就业服务：依法征收的残疾人就业保障金应当纳入财政预算，专项用于残疾人职业培训以及为残疾人提供就业服务和就业援助，任何组织或者个人不得贪污、挪用、截留或者私分。

《残疾人就业保障金征收使用管理办法》进一步规定了残疾人就业服务机构使用残疾人就业保障金的流程与内容，为残疾人就业服务机构的资金使用提供政策支持。具体内容如下。

第二十一条　保障金纳入地方一般公共预算统筹安排，主要用于支持残疾人就业和保障残疾人生活。支持方向包括：（一）残疾人职业培训、职业教育和职业康复支出。（二）残疾人就业服务机构提供残疾人就业服务和组织职业技能竞赛（含展能活动）支出。补贴用人单位安排残疾人就业所需设施设备购置、改造和支持性服务费用。补贴辅助性就业机构建设和运行费用。

第二十二条　地方各级残疾人联合会所属残疾人就业服务机构的正常经费开支，由地方同级财政预算统筹安排。

第二十三条　各地要积极推行政府购买服务，按照政府采购法律制度规定选择符合要求的公办、民办等各类就业服务机构，承接残疾人职业培训、职业教育、职业康复、就业服务和就业援助等工作。

——《残疾人就业保障金征收使用管理办法》

（三）专业化发展

残疾人就业服务需要满足残疾人和招聘企业的需求，实现残疾人人力资源效能的最大化，提升残疾人就业水平和求职能力。国家通过支持残疾人就业辅导员、职业能力评估师等岗位的发展推动残疾人就业服务的专业化。2020年2月，"残疾人就业辅导员"在人力资源和社会保障部、国家市场监督管理总局、国家统计局新公布的职业信息中被列入"职业指导员"职业下增设工种。2021年7月，国务院《"十四五"残疾人保障和发展规划》规定，建立残疾人就业辅导员制度，扩大就业辅导员队伍。2022年9月，《职业指导师国家职业技能标准（2022年版）》颁布实施。

中国残疾人联合会及其地方组织所属的残疾人就业服务机构为残疾人提供就业服务，《中华人民共和国残疾人保障法》第三十七条强调，"政府有关部门设立的公共就业服务机构，应当为残疾人免费提供就业服务。残疾人联合会举办的残疾人就业服务机构，应当组织开展免费的职业指导、职业介绍和职业培训，为残疾人就业和用人单位招用残疾人提供服务和帮助"。我国重视支持就业服务平台的发展，发展改革委等6部门印发的《关于完善残疾人就业保障金制度 更好促进残疾人就业的总体方案》规定："支持就业服务平台发展。充分发挥残疾人就业服务中心、公共就业服务机构、劳务派遣公司、经营性人力资源服务机构在残疾人就业供需对接方面的作用，对推荐残疾人稳定就业一年以上的，按人数给予奖励。"

残疾人就业服务机构的专业化体现在其工作内容上，是工作内容的专业化、工作流程的专业化、工作方式的专业化。

《残疾人就业条例》又对残疾人就业服务机构的职责作出了具体的规定，具体内容如下。

第二十一条　各级人民政府和有关部门应当为就业困难的残疾人提供有针对性的就业援助服务，鼓励和扶持职业培训机构为残疾人提供职业培训，并组织残疾人定期开展职业技能竞赛。

第二十二条　中国残疾人联合会及其地方组织所属的残疾人就业服务机构应当免费为残疾人就业提供下列服务：

（一）发布残疾人就业信息；

（二）组织开展残疾人职业培训；

（三）为残疾人提供职业心理咨询、职业适应评估、职业康复训练、求职定向指导、职业介绍等服务；

（四）为残疾人自主择业提供必要的帮助；

（五）为用人单位安排残疾人就业提供必要的支持。

国家鼓励其他就业服务机构为残疾人就业提供免费服务。

——《残疾人就业条例》

加强残疾人职业能力建设，开展各种形式的职业培训。

——《关于加强残疾人职业培训促进就业工作的通知》（残联发〔2012〕15号）

提升职业培训质量。积极支持残疾人就业培训，进一步提升资金使用效率。依托残疾人有就业意向的用人单位、专业培训机构开展"师带徒"、定岗式培训，按培训效果付费，将就业转化率和稳定就业时间作为付费依据。根据残疾人特点，制定残疾人职业培训标准。按规定开展残疾人免费职业技能培训行动，提高残疾人就业稳定性。

做好残疾人人力资源开发。由残联牵头，组织各方力量，或通过政府购买服务等方式，引入专业化组织和市场机构，为残疾人提供职业康复训练、职业适应评估、职业心理测评、求职定向指导、职业介绍、岗位支持等全链条、个性化服务。

完善残疾人就业服务保障机制。积极发挥残疾人就业服务机构在事前事中事后全流程服务的作用，鼓励企业、残疾人职工、就业服务机构签订三方协议。大力推广雇主责任险、残疾人意外伤害保险等保险，保费由企业和残疾人合理分担，消除企业和残疾人后顾之忧。

——《关于完善残疾人就业保障金制度 更好促进残疾人就业的总体方案》

鼓励和引导各类助残志愿机构、残疾人服务组织为辅助性就业残疾人提供相应专业服务。

  ——《关于发展残疾人辅助性就业的意见》（残联发〔2015〕27 号）

  实施残疾人就业服务提升行动。开展残疾人就业服务"四个一"活动，对就业年龄段未就业残疾人至少进行一次基础信息核对，对其中有就业需求的残疾人至少组织一次职业能力评估、进行一次就业需求登记、开展一次就业服务。

  实施残疾人组织助残就业行动。发挥各级各类残疾人专门协会、扶残助残社会组织和残疾人就业创业带头人等作用，选择一批已经形成一定市场规模、运行稳定的就业项目，加大扶持力度，带动辐射更多残疾人就业创业。

  ——《促进残疾人就业三年行动方案（2022—2024 年）》

二、福建省政策

  各省（自治区、直辖市）也相继出台政策以支持残疾人就业服务机构的发展，福建省发布《福建省促进残疾人就业三年行动实施方案（2022—2024 年）的通知》（闽政办〔2022〕52 号）以支持就业服务机构发展。

  在资金支持方面，该通知规定：加大政策资金保障力度。统筹用好各类残疾人就业创业扶持资金，保障残疾人就业培训、奖励补贴、就业服务等相关资金投入。残疾人就业保障金优先用于保障就业，各地要根据当地保障残疾人就业实际需要合理安排相关支出，不得以收定支。

  在人才支持上，为进一步加强残疾人职业技能人才培育和管理，建设一支工种众多、技能优秀的残疾人职业技能人才队伍，福建省残联于 2023 年决定建立福建省省级残疾人职业技能人才库和师资库，详情见《关于建立福建省省级残疾人职业技能人才库和师资库的通知》[①]。

----

  ① 关于建立福建省省级残疾人职业技能人才库和师资库的通知［EB/OL］．（2023-11-03）〔2023-12-24〕．http：//1203.org/2542/1199922.jhtml。

在服务质量上，《福建省促进残疾人就业三年行动实施方案（2022—2024 年）的通知》（闽政办〔2022〕52 号）规定：提升残疾人就业服务水平。充分发挥公共就业服务平台、残疾人就业服务机构、各类人力资源服务机构和市场主体作用，完善覆盖城乡的残疾人就业服务网络。各级公共服务机构将残疾人就业纳入服务范围、纳入各类就业帮扶和就业援助活动。加强各级残疾人就业服务机构规范化建设，建立健全就业服务内容、标准、流程等规章制度，落实保障条件、专业人员配备等要求。提升残疾人就业服务的规范化、社会化水平。

第一章及第二章涉及的全国性文件见表 2-11。

表 2-11　残疾人就业政策文件一览

政策名称	发布部门	年份
中华人民共和国就业促进法	全国人民代表大会常务委员会	2015 年第一次修正
中华人民共和国残疾人保障法		2018 年修正
中华人民共和国个人所得税法		2018 年第七次修正
残疾人教育条例	国务院	1994 年
残疾人就业条例		2007 年
中共中央 国务院关于促进残疾人事业发展的意见		2008 年
中华人民共和国无障碍环境建设法		2012 年
"十四五"残疾人保障和发展规划		2021 年
"十四五"职业技能培训规划		2021 年
促进残疾人就业三年行动方案（2022—2024 年）		2022 年
关于进一步加强残疾人康复工作的意见	卫生部 民政部 财政部 公安部 教育部 中国残联	2002 年
国家职业技能竞赛技术规程	劳动和社会保障部	2003 年

续表

政策名称	发布部门	年份
关于加强残疾人职业培训促进就业工作的通知	人力资源社会保障部 财政部 中国残联	2012 年
关于促进残疾人按比例就业的意见	中共中央组织部 中央机构编制委员会办公室 财政部 人力资源和社会保障部 国务院国有资产监督管理委员会 国家公务员局 中国残疾人联合会	2013 年
残疾人就业保障金征收使用管理办法	财政部 税务总局 中国残联	2015 年
关于发展残疾人辅助性就业的意见	中国残联 国家发展和改革委员会 民政部 财政部 人力资源社会保障部 国土资源部 中国人民银行 国家税务总局	2015 年
关于全面推开营业税改征增值税试点的通知	财政部 国家税务总局	2016 年
关于促进残疾人就业增值税优惠政策的通知	财政部 国家税务总局	2016 年
促进残疾人就业增值税优惠政策管理办法	国家税务总局	2016 年
中华人民共和国残疾人证管理办法	中国残联 国家卫生和计划生育委员会	2017 年
关于扶持残疾人自主就业创业的意见	中国残联等 15 部门	2018 年
残疾人服务机构管理办法	民政部 人力资源和社会保障部 国家卫生计生委 中国残联	2018 年

政策名称	发布部门	年份
关于完善残疾人就业保障金制度更好促进残疾人就业的总体方案	发展改革委 财政部 民政部 人力资源和社会保障部 税务总局 中国残联	2019 年
关于做好公益性岗位开发管理有关工作的通知	人力资源和社会保障部 财政部	2019 年
机关、事业单位、国有企业带头安排残疾人就业办法	中共中央组织部 中央编办 人力资源和社会保障部 国务院国资委 中国残联	2021 年
就业补助资金管理办法	财政部 人力资源和社会保障部	2023 年
普惠金融发展专项资金管理办法	财政部	2023 年
2023 年全国行业职业技能竞赛——第七届全国残疾人职业技能大赛各项目竞赛标准	第七届全国残疾人职业技能大赛组委会办公室	2023 年
残疾人残疾分类和分级（GB/T 26341—2010）	中华人民共和国国家质量监督检验检疫总局 中国国家标准化管理委员会	2011 年

第三章

残疾人就业
服务内容

就业既是残疾人获得工作机会依法取得劳动收入的方式，也是残疾人走入社会、融入社会，实现更高生活品质的重要途径。经过不懈努力，我国残疾人就业政策体系日趋完善，逐渐形成集中与分散结合、安置与辅助结合、扶持与服务结合的残疾人就业支持政策体系。全国各地在政策支持下纷纷开展残疾人就业服务实践探索。基于残疾人就业特殊性、多样性、类别性的需求，残联、民政、卫生等各部门联合企业与公益组织等社会力量共同为残疾人提供多层次、多角度的就业服务，搭建完整的残疾人就业服务网络，并与社会公共就业服务有效衔接。

本章重点总结残疾人就业服务的服务原则，梳理残疾人就业服务的基本要求，并以福建省厦门市残疾人就业服务的调研为基础，从集中就业、按比例就业、辅助性就业、自主创业就业等残疾人就业类型角度，介绍厦门市残疾人就业服务基本现状、特色案例以及发展方向，以期能为残疾人就业服务的内容发展提供可供借鉴的资料。

第一节　残疾人就业服务的原则与要求

一、残疾人就业服务的原则

（一）平等尊重原则

开展残疾人就业服务应尊重残疾人的平等权利与人格尊严，避免对残疾人进行人身攻击、歧视和开展不当服务。

（二）独立自主原则

开展残疾人就业服务应充分尊重残疾人的自主权，不强迫残疾人接受自己的观点或决策，激发残疾人就业积极性和主动性，开展就业知识与能力培训，培养残疾人独立自主的意识和能力。

（三）优势原则

开展残疾人就业服务应相信残疾人有学习、成长和改变的潜能，充分利用资源，帮助残疾人发挥优势，获得合适的就业机会。

（四）融合原则

开展残疾人就业服务应帮助残疾人获得与周围环境互动的机会和资源，让残疾人在一般社会场所与非残疾人一同工作，提高残疾人的社会归属感。

（五）支持原则

开展残疾人就业服务应为残疾人提供充分就业支持，包括但不限于帮助残疾人获得家人、同伴、社区、社会等不同层面的支持，为残疾人就业提供帮助。

（六）权利权益原则

开展残疾人就业服务应建立健全制度，营造健康、安全、有序的参与环境，优化资源配置，维护和保障残疾人的合法权益，确保不同残疾类型与程度的残疾人个人权利得到行使，获得适合个体特殊需求的服务。

（七）充分参与原则

开展残疾人就业服务应让残疾人充分参与服务过程，让残疾人表达意愿，锻炼能力，承担角色，将残疾人作为就业服务的主体。

二、残疾人就业服务的基本要求

（一）服务对象要求

残疾人就业服务的对象应该包括：

1. 持有残疾人证、处于就业年龄段的残疾人；

2. 为就业年龄段持证残疾人提供就业岗位的各类用人单位。

（二）服务内容要求

1. 残疾人就业服务应根据残疾人不同的残疾类别、等级以及实际状况开展针对性就业服务，服务内容应遵循基本公共服务规范。

2. 残疾人就业服务机构开展的服务内容应包括但不限于职业能力评估、职业指导服务、职业康复训练、职业知识与技能培训、职业适应与工作环境评估、就业情况追踪等。

（三）服务形式要求

残疾人就业服务形式可采取线下与线上相结合的形式。

1. 线下服务应运用人员、场地、设备资源充分为残疾人开展服务。

2. 线上服务应充分利用网络平台，为残疾人提供就业选择，与公共平台信息互通。

（四）服务场所要求

1. 残疾人就业服务机构应有固定的服务场所，房屋建筑质量应符合 GB 50368—2005 的规定。

2. 残疾人就业服务机构的整体环境应干净整洁、安全舒适、便于具有不同障碍的残疾人使用，无障碍设施应符合 GB 50763—2012 的要求。

3. 残疾人就业服务机构应设置逃生通道，保持道路畅通，并有明显的安全标识和逃生路线安排，消防设施应符合 GB 15630—1995 的要求。

4. 残疾人就业服务机构应根据残疾人的需要规划活动场地与配置设备设施。有用于职业知识训练、职业能力训练、职业康复训练等功能用房和设备设施。

（五）服务人员要求

1. 根据残疾人的就业需要和残疾人就业服务机构发展需要，开展残疾人就业服务的机构应配备不同岗位的服务提供人员，包括但不限于机构负责人、业务主管、社会工作者、职业康复师、就业辅导员、后勤服务人员等。

2. 残疾人就业服务机构开展服务的工作人员应遵守残疾人就业服务的原则与伦理，每年进行与岗位相关的专业学习与培训，且专业技术人员应持有国家职业资格证书。

（六）服务合作要求

残疾人就业服务机构应当与当地残疾人就业主管部门、人力资源和社会保障部门、民政部门、高等学校、科研院所、企业等主体建立沟通协调与合作机制，实现就业资源共享。

（七）回访制度要求

残疾人就业服务机构应建立就业服务回访制度，根据服务情况和残疾人需求开展服务回访。

（八）档案管理要求

残疾人就业服务机构应建立残疾人就业服务记录和档案，实行数字化管理，注意保护残疾人个人隐私。

（九）信息公开要求

残疾人就业服务信息应做到公开、准确、及时与内容完整。

第二节　残疾人就业服务内容之厦门经验及展望

为保障残疾人劳动就业权利，对残疾人就业服务的关注十分必要。在国家与地方政策支持下，全国各省、自治区、直辖市广泛探索残疾人就业服务实践。福建省厦门市政府及有关部门高度重视残疾人就业问题，出台系列政策措施，积极探索以创业带就业模式，制定出台了厦门市残疾人自主创业就业扶持办法和辅助性就业机构发展等政策，建设了 36 家残疾人职业援助中心和 6 家福乐家园，为 1000 多名残疾人提供了辅助性就业服务。同时，利用厦门市大众创业就业促进中心孵化基地启动残疾人"创业创新培训+后续跟踪服务"模式，为残疾人创业提供各种咨询、培训、跟踪、指导等服务，完成了 15 个项目孵化落地，8 个项目盈利在 1 年以上。厦门市共帮助 1400 多名残疾人通过自主创业实现就业，创业奖励、经营补贴、社保补助累计发放了近 3000 万元。

　　仅 2023 年，厦门市、区两级残疾人就业服务机构实地走访用人单位 122 家次，开发残疾人就业职位 80 多个，征集岗位 400 多个，成功举办首场市属国有企业安排残疾人就业专场招聘会，发动 35 家国有企业提供 76 个就业岗位，29 人次残疾人当场达成初步就业意向。根据不同残疾类别、受教育程度等个体实际情况，为 334 名未就业残疾人开展职业能力测评，帮助他们找准求职定位。同时，厦门市动态开展残疾人就业状况调查，下沉服务跟踪推进"一对一"岗位推介服务，提高残疾人就业匹配度，落实"一人一档""一人一策"就业帮扶要求，为 48 名应届高校残疾人毕业生开展政策解读、岗位推介等服务 239 人次，推动有就业意愿的应届高校残疾人毕业生全部实现就业。① 多年以来，厦门市在残疾人就业服务方面开展诸多有益实践，取得不错的成果。

　　数据显示，2017—2021 年，厦门市残疾人就业率呈递增发展。其中，每年的按比例就业、个体创业就业、公益性岗位就业、辅助性就业、农村种养加、社区就业、居家就业以及灵活就业等就业人数都有不同程度的涨幅。这体现了厦门市残疾人就业形式多样化，给残疾人的就业空间扩大了自由度，不仅有利于吸引残疾人有序且有效就业，还能让残疾人自由选择就业。从年度残疾人新增就业人数上看，城镇和农村新增就业人数逐年递增，残疾人就业率得到很大程度的提升，2020—2021 年，残疾人就业率位列全省第一。

　　下文基于福建省厦门市调研经验，从残疾人就业的不同类型划分，介绍残疾人就业服务的厦门经验及其进一步发展方向。

---

　　① 全市有就业能力和就业条件的残疾人就业率近 90%［EB/OL］.（2023-10-07）［2023-10-24］. http://www.xm.gov.cn/jdhy/rdhy/202310/t20231007_ 2789780.htm.

一、残疾人集中就业

（一）残疾人集中就业的主要内容与形式

集中就业即政府和社会举办残疾人福利企业、盲人按摩机构和其他福利性单位，集中安排残疾人就业。

厦门市在残疾人就业帮扶中，坚持将集中就业与分散就业相结合，促进残疾人就业。同时，厦门市残疾人联合会、厦门市残疾人就业服务中心认真落实国家关于集中就业相关政策，积极对接集中就业机构，促进残疾人就业。

集中就业安排就业的残疾人对象：持有《中华人民共和国残疾人证》或者持有《中华人民共和国残疾军人证》的人员，符合法定就业年龄，有就业要求，具有一定劳动能力的失业残疾人。

集中就业安排残疾人就业比例：集中使用残疾人的用人单位中从事全日制工作的残疾人职工，应当占本单位在职职工总数的 25% 以上。

开展集中就业的用人单位类型：集中就业单位也称为福利企业，包括盲人按摩机构、职业康复工场、集中就业基地等。

集中就业用人单位的资格认定：集中使用残疾人的用人单位的资格认定，按照国家有关规定执行。

集中安排残疾人就业的用人单位可享受的扶持：参照国家相关政策，集中安排残疾人就业的用人单位可享受增值税即征即退税收优惠、城镇土地使用税减免税收优惠、就业企业残疾人工资加计扣除等扶持。全国各省、自治区、直辖市人民政府也会根据地区的实际情况制定集中安排残疾人就业用人单位扶持政策。具体情况可在当地政府、残联官网查找政策文本，或向当地残联就业部门咨询。

（二）厦门市促进残疾人集中就业的经验

为推动残疾人就业工作，营造全社会扶残助残的良好社会氛围，福建省残疾人联合会、福建省人力资源和社会保障厅每年认定一批安排残疾人就业工作突出的单位为"福建省安排残疾人就业爱心单位",将符合条件的集中安置残疾人就业单位纳入认定条件。认定详细条件与认定程序见《福建省残疾人联合会 福建省人力资源和社会保障厅关于做好"福建省安排残疾人就业爱心单位"认定工作的通知》(闽残联教就〔2019〕63号)政策文本,或向当地残联就业部门咨询。

在2020年福建省认定的19家"福建省安排残疾人就业爱心单位"中,厦门市共5家单位入选:厦门市同安兴浪纸业有限公司、厦门毕升印刷有限公司、厦门市同安协胜金属制品有限公司、厦门银琪工贸有限公司和厦门鑫叶印务有限公司。同时,为推动厦门市残疾人就业工作,弘扬"爱心助残"精神,厦门市残联授予13家企业为"厦门市安排残疾人就业爱心单位":厦门鑫叶印务有限公司、厦门市同安兴浪纸业有限公司、厦门毕升印刷有限公司、厦门市同安协胜金属制品有限公司、厦门银琪工贸有限公司、厦门市丽丰包装有限公司、厦门市舫阳粮油食品有限公司、ECCO(厦门)有限公司、厦门台和电子有限公司、厦门特安实业有限公司气体厂、安保(厦门)塑胶工业有限公司、赫比(厦门)精密塑胶制品有限公司和厦门姚明织带饰品有限公司。

(三)厦门市残疾人集中就业特色案例

以厦门鑫叶印务有限公司为例,该公司是福建中烟工业有限责任公司下属福建鑫叶投资管理集团有限公司所属的一家国有福利性质子公司。截至2021年4月,公司有员工261人,集中安置就业残疾员工74名,占比高达28.35%。其中,听障员工占绝大部分,主要在后勤、生产一线岗位工作。公司让有劳动能力的残疾人能走上工作岗位,发挥自身价值。

在鑫叶公司,残疾职工同样是企业的主人,同工同酬,保障了残疾职工的合法权益。他们在各自的岗位上,积极工作,担当作为,干事创业,在企业的高质量发展中贡献着自己的力量。鑫叶公司一直十分重视残疾职工的岗位培训和安全生产教育,采取多项措施保证安全生产。通过加强对残疾职工的安全教育培训,在机台上设置了开机警示灯和后视凸面镜,加强消防器材使用培训和安全疏散演练，提升个人安全防护，为残疾职工提供了系统的岗位培训和安全良好的工作环境。多年来，鑫叶公司积极承担社会责任，坚持奉献爱心，在残疾职工遇到实际困难时能够适时为他们排忧解难，让他们感受到来自企业大家庭的温暖。同时，鑫叶公司积极组织和鼓励帮助残疾职工参加各种文化、体育和娱乐活动，为残疾职工提供丰富多彩的物质文化生活，让他们拥抱生活、享受生活。

（四）厦门市残疾人集中就业未来展望

遵照国家政策，厦门市认真落实各项集中安置残疾人就业政策，扎实推进残疾人集中就业工作。未来在集中就业方面可以进一步完善的方向包括：积极推进就业困难残疾人的集中就业工作，尤其是就业年龄段的心智障碍者、中重度残疾人的集中就业工作；有待进一步规范对集中安置残疾人就业企业的认定，继续用爱心单位认定等举措激励企业集中安置残疾人就业；不断提升残疾人集中就业服务的专业化水平，开展更为精细化的就业服务，促进残疾人集中就业的稳定性。

二、残疾人按比例就业

（一）残疾人按比例就业的主要内容与形式

按比例就业即用人单位应当按照一定比例安排残疾人就业，并为其提供适当的工种、岗位。

按比例就业安排就业残疾人对象：包括视力残疾、听力残疾、言语残疾、肢体残疾、智力残疾、精神残疾和多重残疾的持有《中华人民共和国残疾人证》的人员，或者持有《中华人民共和国残疾军人证》（1至8级），符合法定就业年龄，有就业要求，具有一定劳动能力的失业残疾人。

按比例就业安排就业残疾人比例：用人单位安排残疾人就业的比例不得低于本单位在职职工总数的1.5%。具体比例由省、自治区、直辖市人民政府根据本地区的实际情况规定，可在当地残联官网查找具体政策文本或向残联就业服务有关部门咨询。用人单位跨地区招用残疾人的，应当计入所安排的残疾人职工人数之内。根据《厦门市按比例安排残疾人就业实施办法》，用人单位应按本单位职工总数 0.8% 的比例安排残疾人就业。

按比例就业安排就业残疾人人数：用人单位将残疾人录用为在编人员或依法与就业年龄段内的残疾人签订 1 年以上（含 1 年）劳动合同（服务协议），且实际支付的工资不低于当地最低工资标准，并足额缴纳社会保险费的，方可计入用人单位所安排的残疾人就业人数。用人单位安排 1 名持有《中华人民共和国残疾人证》（1 至 2 级）或《中华人民共和国残疾军人证》（1 至 3 级）的人员就业的，按照安排 2 名残疾人就业计算。《厦门市按比例安排残疾人就业实施办法》规定，用人单位每安排 1 名盲人或 1 名一级肢体残疾人就业的，按安排两名残疾人计算。

开展按比例就业的用人单位类型：包括国家机关、社会团体、企业事业单位、民办非企业单位。

按比例安排残疾人就业的用人单位可享受的扶持：参照国家相关政策，按比例安排残疾人就业可享受税收优惠政策支持。全国各省、自治区、直辖市人民政府也会根据地区的实际情况制定按比例安排残疾人就业用人单位扶持制度。具体情况可在当地政府、残联官网查找政策文本，或向当地残联就业部门咨询。

注意：若用人单位安排残疾人就业达不到所在地省、自治区、直辖市人民政府规定比例的，应当缴纳残疾人就业保障金。具体缴纳金额与方式参照国家政策文本及各地针对残疾人就业保障金征收的文件或向当地残联就业部门咨询。

超比例安排残疾人就业奖励：用人单位超比例安排残疾人就业可享受政策奖励，具体政策由省、自治区、直辖市人民政府根据本地区的实际情况规定，可在当地残联官网查找具体政策文本或向残联就业部门咨询。

（二）厦门市促进残疾人按比例就业的经验

厦门市残疾人按比例就业成效显著，每年按比例就业人数均有涨幅。厦门市残疾人联合会就业服务中心注重残疾人就业岗位开发，加强与用人单位沟通联系，广泛宣传厦门市按比例安排残疾人就业、超比例安排残疾人就业奖励等政策，鼓励用人单位根据实际需求招聘录用残疾人。

《厦门市超比例安排残疾人就业奖励办法》规定，对用人单位超比例安排残疾人就业的予以奖励。实际安排就业残疾人占本单位在职职工总数比例高于厦门市现行残疾人就业保障金政策，并且超出比例部分实际安排残疾人人数超出 1 人以上（含 1 人）的用人单位；对上一年度享受促进残疾人就业增值税退税政策的用人单位，按实际比例安排就业的残疾人人数不低于 10 人（含 10 人），并且超出比例部分实际安排就业的残疾人人数超出 1 人以上（含 1 人）；用人单位超比例安排残疾人就业，对超比例部分每超 1 人按当年度厦门市最低工资标准的 80% 予以奖励。月均安排残疾人员达到 10 名的用人单位，按当年度厦门市月最低工资标准的 100% 给予用人单位管理奖励；月均安排残疾人员达到 20 名以上（含 20 名）的用人单位，按当年度厦门市月最低工资标准的 150% 给予用人单位管理奖励。详细内容详见政策文本，或向当地残联就业部门咨询。

（三）厦门市残疾人按比例就业特色亮点

厦门市积极探索在岗残疾职工申报核定、超比例安排残疾人就业奖励"一链办理""免申即享"服务模式，深化与市人力资源和社会保障局、市医疗保障局、市税务局、市退役军人事务局、市市场监督管理局等部门的数据共享和工作协同，实现"减材料、减环节、减时限"预期目标，让数据多跑路，企业零跑腿，优化营商环境。市残疾人就业服务中心每年对近 1500 家企业进行在岗残疾职工核定。在按比例与超比例安排残疾人就业手续"全程网办"的基础上已率先实现了"邮寄办"和"即来即办"。

在超比例就业奖励上，厦门市首创"免申即享"举措，提升服务效能，高效便捷稳岗助残，持续优化营商环境。厦门市残联结合本市实际，在全国副省级城市和地级市中唯一独立部署中国残联统一开发的"全国残疾人按比例就业情况联网认证"年审系统，在市行政审批局、工信局及其信息中心大力支持指导下，与市人力资源和社会保障局、市退役军人事务局、市税务局、市市场监督管理局、市医疗保障局实现了数据共享，使得该事项的服务得以全程网办、即来即办，同时通过完善制度、简化程序、"利用互联网+政务服务"等，借助年审系统在全国首创了超比例奖励"免申即享"，即用人单位在完成联网认证在岗残疾职工后，如果达到了超比例奖励条件，系统即自动推送超比例奖励信息及结果，而无须像往年需重新提出申请、提交材料，实现了办事零跑腿、纸质材料免提交、办事时限最小化，变过去的人找政策为现在的政策找人，让符合超比例奖励条件的用人单位"免申即享"、应享尽享超比例安排残疾人就业奖励资金。

2021年至2022年，厦门市严格两项任务审核，完成"全国残疾人按比例就业情况联网认证（厦门市）"和"厦门市超比例安排残疾人就业奖励"两项业务审核合计1300件。其中：联网认证用人单位1207家，审核在岗残疾职工3505人；审核超比例奖励用人单位93家（共1002人），发放奖励资金675.45万元。向税务部门推送联网认证数据1207条；使用税务提供的退税数据108条。此外，厦门市将推动年审工作更加高效纳入年度工作计划，争取做好"全国残疾人按比例就业情况联网认证（厦门市）"和厦门市超比例安排残疾人就业奖励"免申即享"业务审核工作；做好与税务部门就用人单位按比例安排残疾人就业及享受促进残疾人就业增值税退税政策的用人单位名单等数据共享工作；根据市残联的通知要求，协同各区残联加强对用人单位按比例安排残疾人就业情况的监督检查。

（四）厦门市残疾人按比例就业未来展望

按比例就业是残疾人就业水平的重要指标，也是残疾人实现社会融合的重要方式。从多角度持续发力，积极推进残疾人按比例就业的占比和水平将是残疾人就业服务工作的重点之一。具体而言，厦门市在残疾人按比例就业推进方面，除了要进一步发挥按比例安排残疾人就业有关服务的优势，继续优化残疾人按比例就业情况联网认证与超比例安排残疾人就业有关业务流程与审核，总结归纳残疾人按比例就业经验，还可以从以下方面提质增效；在就业服务方法方面，要积极使用政策扶持、技能培训、多元服务和权益保护等多种方式搭建立体化服务体系；在按比例就业岗位开发方面，加强部门联动，汇聚合力，做好残疾人按比例就业核查，着力强化政策协调的效应；在服务品质提升上，要根据残疾人个体情况摸清他们的就业需求、优势强项、市场需求，有的放矢地提供"全程性、一站式"的个性化精准服务。

三、残疾人辅助性就业

（一）残疾人辅助性就业的主要内容与形式

辅助性就业即组织就业年龄段内有就业意愿但难以进入竞争性劳动力市场的智力、精神和重度肢体残疾人从事生产劳动的一种集中就业形式，在劳动时间、劳动强度、劳动报酬和劳动协议签订等方面相对普通劳动者较为灵活。

辅助性就业安排就业残疾人对象：就业年龄段内有就业意愿但难以进入竞争性劳动力市场的智力、精神和重度肢体残疾人。

辅助性就业机构特点：辅助性就业机构同时具有庇护性、非营利性、社会福利性等特点。

辅助性就业机构类型：工疗、农疗机构；其他取得独立法人资格开展辅助性就业的公益性或非营利性的事业单位和社会组织；各类企业、残疾人托养服务机构、社会福利服务机构、职业康复机构等单位中附设的开展辅助性就业的工场或车间。

辅助性就业机构的认定条件：组织智力、精神和重度肢体残疾人从事生产劳动；具有相对稳定的劳动生产项目；具备包括精神残疾人服药管理在内的较为完善的劳动安全保护措施；配备相应的专业服务人员；与残疾人或残疾人亲属签订相关协议，符合劳动合同法律法规规定的，应与残疾人依法签订劳动合同；为残疾人支付适当的劳动报酬。详细内容参见有关政策文本或向当地残联就业部门咨询。

辅助性就业机构可享受的扶持：参照国家相关政策，辅助性就业可享受用地扶持、资金扶持、税收扶持、奖励扶持、项目扶持。全国各省、自治区、直辖市人民政府也会根据地区的实际情况制定辅助性就业机构支持制度。具体情况可在当地政府、残联官网查找政策文本，或向当地残联就业部门咨询。

《厦门市残疾人联合会 厦门市财政局 厦门市人力资源和社会保障局关于扶持残疾人辅助性就业机构发展的通知》（厦残规〔2020〕2号）规定，扶持残疾人辅助性就业机构发展。扶持对象为依法在厦门市市场监督管理、民政及其他有关行政管理部门登记注册的独立法人单位或是独立法人单位附设机构（以工农疗站场、庇护工场或车间等形式存在），集中安置智力、精神和重度肢体三类残疾人不少于5人，开展残疾人辅助性就业6个月以上。具有相对稳定的劳动生产项目，有固定劳动生产场所。扶持项目包括一次性建设经费补贴、运行费用补贴、社会保险补贴、安置残疾人就业奖励等。详细扶持内容与条件参见政策文本，或向残联有关部门咨询。

（二）厦门市促进残疾人辅助性就业的经验

厦门市积极推进残疾人辅助性就业发展，建设公办辅助性就业机构福乐家园与残疾人职业援助中心，出台促进辅助性就业机构发展等系列政策，充分发挥辅助性就业的托底保障功能。

由于身心障碍和客观环境的影响，部分智力、精神类残疾人无法进入竞争性就业岗位，难以自主创业、自谋职业，在就业、培训、康复和参与社会生活等方面存在诸多困难。针对这类群体，厦门市积极推进残疾人辅助性就业托底保障服务，设立公办辅助性就业机构，并集合社会力量创办辅助性就业机构。轻度智力和精神残疾人庇护工场福乐家园与残疾人职业援助中心是厦门市政府主导设立的公办辅助性就业服务机构。目前，厦门市已在全市设立6家福乐家园和36家残疾人职业援助中心，为千余名残疾人提供了辅助性就业服务。

1. 福乐家园

具有精神残疾和智力残疾的残疾人由于生理等障碍限制，生活自理能力不佳，社会交往能力受限，就业面临困难。为帮助这部分群体走出家庭，融入社会，在政府主导下，厦门市于 2009 年印发《厦门市人民政府办公厅关于印发厦门市建立轻度智力和精神残疾人庇护工场实施方案的通知》（厦府办〔2009〕158 号），建立轻度智力和精神残疾人庇护工场（定名"福乐家园"）。目标是在厦门市每个区设立一所能够容纳 30 人以上规模的福乐家园。福乐家园机构性质是以组织轻度智力和精神残疾人员从事简单劳动，并开展技能培训、康复训练和文体活动、帮助智力和精神残疾人提高生活自理能力、劳动能力和社会交往能力的公益性社会福利服务机构。主要面向具有厦门市户籍、年龄在 16 周岁至 40 周岁、生活能自理、愿意参加培训及简单劳动的轻度（四级）智力和精神稳定期（精神四级）残疾人员。

福乐家园开展生活自理能力和劳动技能训练、就业辅导和就业服务、康复训练和文体活动，并组织简单的手工劳动。通过训练，提升轻度智力和精神残疾人员的生活自理能力、社会交往能力和劳动能力，培养他们良好的生活习惯和劳动习惯，为他们走出家门，融入社会，自食其力，实现人生价值创造条件。福乐家园正式学员按照实际出勤天数，以 30 元/天·人的标准发放劳动津贴及出勤补贴；学员在福乐家园参加手工劳动，按实际完成情况给予相关费用。非正式学员不享有劳动津贴及出勤补贴，可自愿参加手工劳动及相关培训。（见表 3-1）

表 3-1　厦门市福乐家园清单

序号	区属	机构名称
1	思明区	思明区福乐家园
2	湖里区	湖里区福乐家园
3	集美区	集美区福乐家园

序号	区属	机构名称
4	海沧区	海沧区福乐家园
5	同安区	同安区福乐家园（芸溪点）
6		同安区福乐家园（阳翟点）
7	翔安区	翔安区福乐家园

2. 残疾人职业援助中心

为了进一步完善厦门市残疾人就业服务体系，为残疾人提供职业技能训练和社会适应性训练，提升残疾人就业能力，逐步解决就业年龄段残疾人在就业和康复方面的困难，促进残疾人就业，减轻残疾人家庭的负担，提升残疾人及其家庭的幸福指数，厦门市于 2011 年印发《厦门市人民政府办公厅关于印发厦门市建立街（镇）残疾人职业援助中心实施方案的通知》（厦府办〔2011〕160 号），在厦门市全市各街（镇）普遍建立援助中心，服务能力 1500 人以上，协助厦门市初步形成以区福乐家园为骨干，街（镇）残疾人职业援助中心为主体，运作规范、功能完善，有一定专业服务水平的区、街（镇）残疾人职业援助和职业培训服务网络。残疾人职业援助中心服务对象为具有厦门市户籍的就业年龄段有劳动能力未实现就业的各类残疾人，同时满足生活能基本自理等条件。

残疾人职业援助中心服务内容包括：职业技能评估、社会适应能力训练、职业技能训练、职业指导及就业咨询、推荐就业及就业后的跟踪服务、设立工厂组织简单来料加工、体能康复训练与文体活动、开展思想教育和心理辅导等。援助中心残疾人劳动津贴同福乐家园，按照实际出勤天数，以 30 元/天·人的标准发放劳动津贴及出勤补贴；学员在残疾人职业援助中心参加手工劳动，按实际完成情况给予相关费用。非正式学员不享有劳动津贴及出勤补贴，可自愿参加手工劳动及相关培训。详细内容参见相关政策文本，或向残联就业服务部门咨询。（见表3-2）

表3-2 厦门市残疾人职业援助中心清单

序号	区属	机构名称
1	思明区	滨海街道残疾人职业援助中心
2		嘉莲街道残疾人职业援助中心
3		开元街道残疾人职业援助中心
4		莲前街道残疾人职业援助中心
5		鹭江街道残疾人职业援助中心
6		厦港街道残疾人职业援助中心
7		梧村街道残疾人职业援助中心
8		鼓浪屿街道残疾人职业援助中心
9		筼筜街道残疾人职业援助中心
10		中华街道残疾人职业援助中心
11	湖里区	金山街道残疾人职业援助中心
12		江头街道残疾人职业援助中心
13		禾山街道残疾人职业援助中心
14		湖里街道残疾人职业援助中心
15	集美区	杏滨街道残疾人职业援助中心
16		侨英街道残疾人职业援助中心
17		杏林街道残疾人职业援助中心
18		集美街道残疾人职业援助中心
19		后溪镇残疾人职业援助中心
20		灌口镇残疾人职业援助中心
21	海沧区	嵩屿街道残疾人职业援助中心
22		东孚街道残疾人职业援助中心
23		新阳街道残疾人职业援助中心
24		海沧街道残疾人职业援助中心

序号	区属	机构名称
25	同安区	祥平街道残疾人职业援助中心
26		大同街道残疾人职业援助中心
27		洪塘镇残疾人职业援助中心
28		汀溪镇残疾人职业援助中心
29		五显镇残疾人职业援助中心
30		西柯街道残疾人职业援助中心
31		莲花镇残疾人职业援助中心
32		新民街道残疾人职业援助中心
33	翔安区	马巷街道残疾人职业援助中心
34		大嶝街道残疾人职业援助中心
35		新圩镇残疾人职业援助中心
36		内厝镇残疾人职业援助中心

3. 社会辅助性就业机构

基本现状：目前在厦门市范围内实际创办成功的有随心公益"星缘艕工坊"（以咖啡饮品为主营，现共有9名智力残疾青年），表达创办意向的主要有思明区绿动体育（以跳绳穿珠为主，正在招募学员并与部分学员签订协议）、厦门康进信息科技有限公司（以咖啡、绘画为主，已与相关残疾人达成意向）。

政策依据：《厦门市残疾人联合会 厦门市财政局 厦门市人力资源和社会保障局关于扶持残疾人辅助性就业机构发展的通知》（厦残规〔2020〕2号）。

扶持对象：满足9个条件［独立法人单位或其附设机构；集中安置智力、精神和重度肢体残疾人不少于5人；开展辅助性就业6个月以上，面积不少于50平方米；签订不少于6个月辅助性就业协议；日工作时间不少于3小时或周工作时间不少于15小时；按月发放不低于我市最低工资标准的1/4；还应具备生活自理能力、职业技能培训、康复服务、文体娱乐等其中 3 项（含）以上基本功能设施；配备必要的管理服务人员；具有较完善的管理制度]。

扶持项目：根据机构安置辅助性就业满 1 年的残疾人数计算，一次性建设经费（每人 5000 元标准，最高不超过 20 万元），运行费用（每人每年 1 万元标准）。根据机构与安置残疾人签订 1 年以上期限全日制合同人数计算，社会保险补贴（人力资源社会保障部门招用就业困难人员补贴），安置残疾人就业奖励（每人每年 3000 元标准，不超过 3 年）。

（三）厦门市残疾人辅助性就业特色案例

1. 厦门市思明区福乐家园

厦门市思明区福乐家园积极发挥"日间照料+辅助性就业"功能，并开展技能培训、康复训练和文体活动，帮助智力和精神残疾人提高生活自理能力、劳动能力和社会交往能力。

思明区福乐家园内设有技能训练室、康复训练室、阅览室、多媒体教室、音乐室、餐厅及休息室，组织轻度智力和精神残疾人从事简单劳动。家园接收对象主要为厦门市思明区户籍，持有残疾人证，有合法的监护人，三级、四级的智障残疾人。家园免费对学员进行居家生活能力训练、清洁服务、手工艺品制作等职业培训。运作模式为日间走训型。培训期间，学员可享有人身伤害保险、免费午餐、手工劳动津贴等诸多优厚待遇。通过开展康复训练、简单生活劳动技能训练等，帮助学员提高生活自理、劳动、社会交往等能力，为其今后走出家庭、融入社会打好基础，以真正实现其人生价值。家园自开园以来先后开展毛巾狗制作、梳子加工、废报纸创意、缝纫、穿珠插花、清洁等劳动和生活技能训练以及文化和德育教育，取得了良好效果。通过培训，思明区福乐家园已有 10 名学员成功实现就业。

2. 厦门市嘉莲街道残疾人职业援助中心

嘉莲街道残疾人职业援助中心于 2012 年 10 月正式运营。中心总面积 418 平方米，内设文创室、庇护工场、综合训练室、调解室、心理（法务）

咨询室等功能室，开展"日间照料+辅助性就业"的"一站式"服务。中心现有工作人员 4 名，均为大学本科学历、社工师。各类残疾人学员 40 人，其中精神类残疾学员 7 人，占比 17%。经过综合性训练，学员基本实现了精神状态从自我封闭到主动融入社会、生活自理能力从需要看护到逐步自立的显著转变。进入嘉莲街道残疾人职业援助中心的正式学员除每天可享受 30 元的"劳动津贴及出勤补贴"之外，还可获得从事庇护劳动的全部手工报酬，学员在申请低保、残疾人两项补贴时，上述收入均不计入其家庭收入审核，有效地保障了其生活品质。

嘉莲街道残疾人职业援助中心积极拓展"爱心助残"服务理念和模式，在全国残疾人服务体系首创"闽南红砖雕"文创援残奔小康项目，并建立"闽南红砖雕爱心屋展厅"。嘉莲街道残疾人职业援助中心积极创新工作方式，不断提升援残服务水平，并积极链接各类爱心企业资源，为学员增技增收提供全方位保障，学员收入和幸福感日渐提升。中心主要工作亮点如下。

勇毅探索，立体化推进援残服务。嘉莲街道残疾人职业援助中心在援残服务中，发扬"敢于创新·敢于突破·敢于担当·敢于负责"的精神，链接街道爱心社工陪护站，打造残疾人陪护基站，为残疾人提供精神陪护、心理疏导等专业化的社工服务，陪护残疾人 1500 多人次；链接街道爱心志愿者司法所分队创新打造"三帮扶一队伍"，将志愿者服务残疾人常态化，开展包区域、包任务和包个案的"三包"服务，实现志愿支援帮扶、家庭困难援助帮扶、公益活动保障帮扶的"三帮扶"，志愿服务 3300 多小时；链接爱心师资力量组建"文创团队"，在全国残疾人服务体系首创"闽南红砖雕"文创援残奔小康项目，携手残疾人走上以"闽南红砖雕"为推手的"文创援残奔小康"市场化道路，实现援残培训"内训基能·外训技能"的实质性飞跃。

科学打造，开辟法律援残绿色通道。2012 年，嘉莲街道残疾人职业援助中心在福建省率先成立了"街道残疾人联合会人民调解委员会"，为辖区 900 多名残疾人及家属提供法律服务，开设调解"绿色通道"，开展法宣教育，提高残疾人法律素质和维权意识，成功调解各类涉残纠纷 40 余件、接待咨询 30 余起，开展讲座 100 余场。链接北京大成（厦门）律师事务所、福建昕悦律师事务所等，助推公益法律援残服务实现融合发展。

聚力创新，助推援残工作新发展。嘉莲街道残疾人职业援助中心立足"一站式"平台，致力于"文化创意孵化基地"建设，孵化出全国首套爱心助残明信片，全国残疾人服务体系首创"闽南红砖雕"文创援残奔小康项目及申请商标注册，并勤力申报残联发起的"全国百佳残疾人传统工艺和民族文化技艺传承基地"项目等。共建"青少年励志教育基地"和"助残志愿者实践基地"，与福州大学厦门工艺美院、莲花中学等携手共建，为高学历专业人才提供援残服务平台、为中学生提供励志教育体验场所，为具有法律、文创等专业特长的志愿者提供助残渠道，助推援残服务工作创新发展。

3. 随心公益中心"星缘舣工坊"

福建省随心助残公益服务中心是一家经福建省民政厅批准成立的，专门服务于残疾人的慈善组织。中心构建从残疾预防、康复教育、社会融合、就业创业到托养支持的"生命全程"闭环式公益服务体系。"星缘舣工坊"是厦门市首家由社会力量创办的残疾人辅助性就业中心。心智障碍者在这里一边上班，一边继续接受培训，不仅可以自食其力，也大大减轻了家庭负担。中心联合爱心企业摸索代理、实践、生产、销售的自我造血内循环模式，给心智障碍者一个稳定的生存场所，创造人生价值。

（四）厦门市残疾人辅助性就业未来展望

厦门市在促进辅助性就业服务发展方面作出了系统而扎实的有益尝试，目前已在全市范围内建立起全覆盖的残疾人辅助性就业机构，大大地提升了残疾人就业的可及性和便捷性。今后，厦门市残疾人辅助性就业工作还会在目前的良好工作基础上，丰富辅助性就业服务内容，在简单手工劳动之余，开发更多职业训练，切实发挥机构辅助性就业功能，让更多残疾人真正走上就业岗位，拓展残疾人就业空间，创新就业服务形式；进一步细化福乐家园和残疾人就业援助中心的服务标准，开发标准化服务规范，并通过专业培训等方式持续提升就业辅导员的工作能力；积极探索切实可行的"康复+托养+就业"的整合服务模式；加强辅助性就业与集中就业、按比例就业、灵活就业等多种残疾人就业形式间的衔接和转介工作。

四、残疾人自主就业创业

（一）残疾人自主就业创业的主要内容与形式

残疾人自主就业、创业包括残疾人自主创业和残疾人灵活就业，是残疾人实现就业的主渠道之一。

各地关于扶持残疾人贷款创业的优惠政策会在残联官网、办事处公示，可以到当地的残联咨询办理相关的手续。各省、自治区、直辖市和计划单列市至少建有一个残疾人创业孵化基地，提供残疾人自主就业创业的政策咨询、职业介绍、信息发布、职业指导、创业指导、人力资源和社会保障事务代理等服务。

自主就业、创业的残疾人对象：自主创业残疾人指通过创办经济实体、社会组织等形式实现就业，包括在工商行政管理部门依法登记成立个体工商户、各类企业、农民专业合作社等生产经营主体；在民政部门登记成立各类社会团体、民办非企业单位等社会组织；经人力资源社会保障部门认定的其他自主创业。灵活就业残疾人指从事非全日制、临时性和弹性工作等实现就业的残疾人，包括从事家庭副业、家政服务、修理装配、便民理发、绿化保洁等；经人力资源社会保障部门认定的其他灵活就业。

自主就业创业的残疾人可以享受的扶持：参照国家相关政策，自主创业就业残疾人可享受合理便利和优先照顾、税收优惠和收费减免、金融扶持和资金补贴、贷款申请与荣誉奖励等扶持。各省、自治区、直辖市人民政府也会根据地区的实际情况制定残疾人自主就业创业扶持制度。具体情况可在当地政府、残联官网查找政策文本，或向当地残联就业部门咨询。

（二）厦门市促进残疾人自主就业创业的经验

厦门市制定和修订出台了厦门市残疾人自主创业就业扶持办法，并积极利用新业态拓展就业创业渠道。基于由"互联网+"衍生出移动互联网、共享经济、直播电商等新兴业态就业形式，以创业带就业。2017年至2021年，厦门市个体创业就业残疾人数量快速增长，并趋于稳定，灵活就业人员成为残疾人就业新的增长点。

在政策扶持方面，《厦门市残疾人联合会 厦门市财政局 厦门市人力资源和社会保障局关于印发厦门市残疾人自主创业就业扶持办法的通知》（厦残联〔2019〕33号）相关规定促进残疾人自主创业就业。扶持对象为厦门户籍法定劳动年龄段内持有有效《中华人民共和国残疾人证》或《中华人民共和国残疾军人证》，通过创办经济实体、社会组织等形式实现就业的残疾人或退役残疾军人。扶持项目包括：一次性创业奖励、创业带动就业奖励、经营补贴、社保补助。具体扶持内容与申请程序详见政策文本，或向残联有关部门咨询。

（三）厦门市残疾人自主就业创业特色案例

厦门市大众创业就业促进中心孵化基地依托其在就业服务领域的服务经验和资源优势，在市残疾人联合会的指导下，以"创业创新培训+后续跟踪服务"的模式，为残疾人创业提供各种咨询、培训、跟踪、指导等服务，目前完成了15个项目孵化落地，8个项目盈利在1年以上，帮助1400多名残疾人通过自主创业实现就业。

厦门市残疾人创业创新孵化基地为残疾人自主就业创业孵化项目提供以下入驻扶持：

（1）入驻场地优惠：工位区三年免租，单间三年租金五折；

（2）创业能力测评：采用第三方创业能力测评系统，免费创业能力测评；

（3）创业技能培训：免费创业技能培训；

（4）创业专家辅导：常年邀请创业指导专家一对一辅导；

（5）财税服务优惠：引入服务机构，给予代理注册免费、代理记账费五折优惠；

（6）免费政策辅导：免费辅导入驻项目申请各类优惠政策；

（7）就业式创业：对毕业两年内未就业的残疾人大学生，给予不超过一年的就业式创业扶持；

（8）创业典型推广：通过各种形式和途径宣传推广入驻创业项目创业典型；

（9）创业赛事辅导：给予各类赛事参赛辅导，助力项目获评获奖；

（10）推荐评优评先：推荐参加各种荣誉评选，推荐参加高层次创业进修研学。公益宣传大使市场订单推广，通过各类渠道和资源助力项目市场推广，有条件的直接给予订单支持。

（四）厦门市残疾人自主就业创业未来展望

厦门市残疾人自主就业创业工作已经形成了相对明确的工作思路，并与劳动部门的就业创业工作建立了良好的协同工作机制。随着网络化、信息化、智能化等相关新经济领域不断呈现，自由职业者或多重职业者不断涌现，创业带动就业、多渠道灵活就业的业态正在形成。在今后的相关工作推进中，要着力打造创业培训平台，积极实现资源数据、业务数据的互联互通，实现多样化的服务场景。通过政策引导、创业资金扶持和后援技术支持，逐步将其培养成各行各业的自主创业人，然后达到以点带面的群体效应。通过创业项目推介会平台集中向社会推介，并依托网络、微信、项目汇编资料发放等手段，常年向有意创业者提供创业项目信息服务。加大创业贷款力度，降低申请条件，简化申请程序，提高金融服务可获得性，帮助解决创业初始阶段自有资金不足的难题。采用不同的创业形式和担保贷款条件，提供不同的就业创业扶持，让残疾人就业创业门槛低，扶持力度大，成功率高。

五、残疾人其他类别就业

（一）残疾人其他类别就业的主要内容与形式

除集中就业、按比例就业、辅助性就业、残疾人自主就业创业几种残疾人主要就业类型之外，还有公益性岗位就业、农村种养加、社区就业、居家就业形式。因其他就业类别形式多样，内容丰富，本章不一一进行列举，相关内容可查询残联官网或向当地残联就业部门咨询。

就业残疾人可享受的扶持：参照国家相关政策，就业残疾人可享受减征个人所得税扶持。各省、自治区、直辖市人民政府也会根据地区的实际情况制定残疾人就业扶持制度。具体情况与详细内容可在当地政府、残联官网查找政策文本，或向当地残联就业部门咨询。

（二）厦门市促进残疾人其他形式就业的经验

自 2017 年至 2021 年，厦门市公益性岗位就业、农村种养加、社区就业、居家就业残疾人数均有不同程度涨幅。其原因在于厦门市运用不同的扶持援助政策，促进残疾人实现不同形式就业。例如，厦门市通过援助高校毕业生就业、发展"爱心助残"行动"爱心屋"建设等举措促进残疾人有效就业，让残疾人拥有更多自由就业选择。

高校毕业生就业援助。厦门市印发《厦门市残疾人联合会 厦门市财政局关于对我市残疾人全日制普通高校毕业生进行就业援助的通知》（厦残联〔2014〕75 号）对就业残疾人高校毕业生进行援助。援助对象为厦门户籍持有《中华人民共和国残疾人证》，在人力资源和社会保障部门办理了就业登记并与用人单位签订一年以上劳动合同，或经人力资源和社会保障部门认定为灵活就业及经区残联认定为自主创业的残疾人全日制普通高校毕业生。具体援助标准与申请程序详见政策文本，或向残联有关部门咨询。

（三）厦门市残疾人其他形式就业特色案例

厦门市"爱心助残"行动"爱心屋"建设。自 2019 年，"爱心厦门"将"爱心助残"列为五大行动之一，厦门市残联发挥牵头作用将"爱心屋"作为爱心助残的主要行动载体。2020 年 5 月，厦门市在思明区、湖里区试点建设"爱心屋"。截至 2021 年 10 月 21 日，厦门市共建设 47 家"爱心屋"分布在各区、各街道，安置 133 名残疾人及家属就业。"爱心屋"建设成为厦门市的一张文明建设的窗口名片，以市场为导向，以区域为特色，围绕残疾人的就业需要出发，让更多残疾人实现就业。"爱心屋"建设是厦门市委市政府关怀残疾人的一项惠民政策，秉持"授人以鱼，不如授人以渔"的理念，吸纳残疾人参与运营管理，加强残疾人职业技能培训，为残疾人提供就业岗位，扶持残疾人就业增收，展现残疾人自信、自强、自立的精神风貌，帮助他们更好地融入社会。

以厦门市嵩屿街道阿罗海城市广场爱心屋为例，该爱心屋里，销售着嵩屿街道残疾人职业援助中心学员手工作品，包括团扇、国画、木头画、儿童画、串珠等不同类型作品，店员中还固定有 4 名残疾人营业员。爱心屋由街道援助中心负责运营，同时也是街道援助中心的就业实践基地。残疾人学员在中心培训各类技能，到爱心屋体验就业，既能增加一份收入，也能服务社会公益事业。

（四）厦门市残疾人其他形式就业未来展望

厦门市残疾人就业服务的有关内容与一项项实实在在的举措，鼓舞着厦门市残疾人事业的发展，在全社会营造扶残助残的文明氛围，进一步增强残疾人的获得感、幸福感和安全感，推动新时代残疾人事业再上新台阶。未来，厦门市有待进一步发挥在残疾人就业服务领域的优势，在完善的残疾人就业政策制度框架内，细化残疾人就业服务内容举措，推动不同类型残疾人就业服务标准化建设；继续充分利用社区中各种社会爱心力量建立助残就业创业联盟，让社区中的各行各业积极为残疾人就业创造各种适宜就业工种，实现在社区中就业，在社区中享受就业的红利；积极推进保障残疾人就业的合法权益，规范劳务（派遣）用工，加强劳动人事争议调解仲裁，依法实施劳动保障监察。推动实施"智慧仲裁"，实现劳动争议"观、管、防、化"一体融合，有效保障劳动关系总体和谐稳定。

第四章

残疾人就业
服务流程

第一节　残疾人就业服务基本工作流程

各级残疾人就业服务机构的职能是：进行残疾人劳动力资源和社会用工调查；开展残疾人求职登记、劳动能力评估、失业登记、就业咨询、职业培训、职业介绍；组织实施残疾人按比例就业，管理保障金；举办残疾人福利企业；帮助残疾人个体开业；为农村残疾人参加生产劳动提供服务。

各级残疾人就业服务机构对招聘单位和求职人员提供的服务内容包括：

（1）对招聘单位和求职人员提交的资料进行登记、审核和发布；

（2）向招聘残疾人用工单位提供残疾人用工政策宣传、岗位指导及雇主培训；

（3）向求职的残疾人提供职业能力评估测评、职业生涯规划、职业技能培训需求登记等服务；

（4）对成功就业的残疾人就业状况进行跟踪回访等扶持服务，对暂未实现就业的求职残疾人提供职业评估、指导、技能培训以及再次推荐服务。

高质量的残疾人就业服务不仅有赖于残疾人就业服务机构的努力，也离不开人力资源社会保障部门、特殊教育学校、职业院校、高等院校、企业、社会组织等主体的参与，离不开各相关主体之间的沟通协调和通力合作。下文将基于厦门市的实践经验，分别介绍面向残疾人求职者及面向用人单位的相关工作流程。

第二节　面向残疾人求职者的相关工作流程

面向残疾人求职者的相关工作流程主要是相对于面向用人单位而言

的，其中既包括了以残疾人求职者为服务对象的，从登记到就业跟踪的残疾个体就业全过程，也包括了不同残疾就业类型认定奖励申请等。

一、厦门市残疾人就业申请全流程

（一）残疾人求职登记

1. 申请条件：就业年龄段内，有就业意愿且身体符合条件的持证残疾人可自愿在残疾人就业服务中心免费办理就业求职登记。

2. 办理流程：

——申请：符合条件的残疾人填写《厦门市残疾人求职登记表》；

——审核：审核无误的，进入信息录入环节；

——录入：录入求职者信息；

——服务：根据求职者情况，在接受就业指导或参加培训后，进行职业介绍，推荐面试；

——办结：残疾人实现就业后应及时联系工作人员，撤销求职信息。

3. 申请材料：

——中华人民共和国居民身份证（原件1份，复印件1份）；

——残疾人证（原件1份）；

——学历证明（原件1份，复印件1份）；

——培训经历证明（原件1份，复印件1份）。

（二）残疾人职业能力测评——物理测评

厦门市残疾人就业服务中心开展的"残疾人职业能力物理测评"工作，是依据科学的测评理论，遵循模块化的测评思路，采取专业的测评手法，在系统生成个性化测评方案后，由专业人员开展现场测评。其内容分为三个模块：模块A——身体功能、模块B——职业潜能、模块C——功能性学业能力。以下是具体测评的流程。

模块A：身体功能（见图4-1）

1. 考察视力，主要通过看展板、看报纸，根据测评对象的回应情况，进行观察、判定、记录。

2. 考察听力，主要通过不同的声音，如拍手声、汽车喇叭、电话铃声、男女对话声、旋律等，根据测评对象的回应情况，进行观察、判定、记录。

3. 考察平衡觉，主要是通过询问、传递周围物品、引导端坐及站立、维持姿势，根据测评对象的回应情况，进行观察、判定、记录。

4. 考察触觉，先屏蔽视觉，而后在互动中询问测评对象有无触碰、物体的形状、物体的温度，根据测评对象的回应情况，进行观察、判定、记录。

5. 考察嗅觉，也是先屏蔽视觉，接着在互动中询问气味，根据测评对象的回应情况，进行观察、判定、记录。

6. 考察味觉，通过品尝食物以及询问日常饮食经历，根据测评对象的回应情况，进行观察、判定、记录。

7. 考察本体觉，通过镜像游戏互动，对测评对象的完成情况，进行观察、判定、记录。

8. 考察手部操作，通过握力器、摆放木块/铁管/小球、存钱罐投币，对测评对象的完成情况，进行观察、判定、记录。

9. 考察双手协调，通过手指身体部位，对测评对象的完成情况，进行观察、判定、记录。

10. 考察上肢活动，通过手臂伸展、不移动身体拿取物品、抛接球，对测评对象的完成情况，进行观察、判定、记录。

11. 考察身体姿势，主要通过询问出行方式、引导姿势变换、引导定向移动、提放沙袋，最后询问测评对象可以维持相应活动的时长，对测评对象的完成情况、回应情况，进行观察、判定、记录。

模块 B：职业潜能（见图 4-2）

1. 考察反应力，通过引导测评对象拧瓶盖、搬凳子、填写个人信息，对其活动启动速度进行观察、判定、记录。

考察视力 → 看展板、看报纸

拍手声、汽车喇叭、电话铃声、男女对话声、旋律等 ← 考察听力

考察平衡觉 → 询问、传递周围物品、引导端坐及站立、维持姿势

屏蔽视觉，互动，询问测评对象有无触碰、物体的形状、物体的温度 ← 考察触觉

考察嗅觉 → 屏蔽视觉，互动，询问气味

品尝食物，询问日常饮食经历 ← 考察味觉

考察本体觉 → 镜像游戏互动

握力器、摆放木块/铁管/小球、存钱罐投币 ← 考察手部操作

考察双手协调 → 手指身体部位

手臂伸展、不移动身体拿取物品、抛接球 ← 考察上肢活动

考察身体姿势 → 询问出行方式、引导姿势变换、引导定向移动、提放沙袋，最后询问测评对象可以维持相应活动的时长

进入模块B

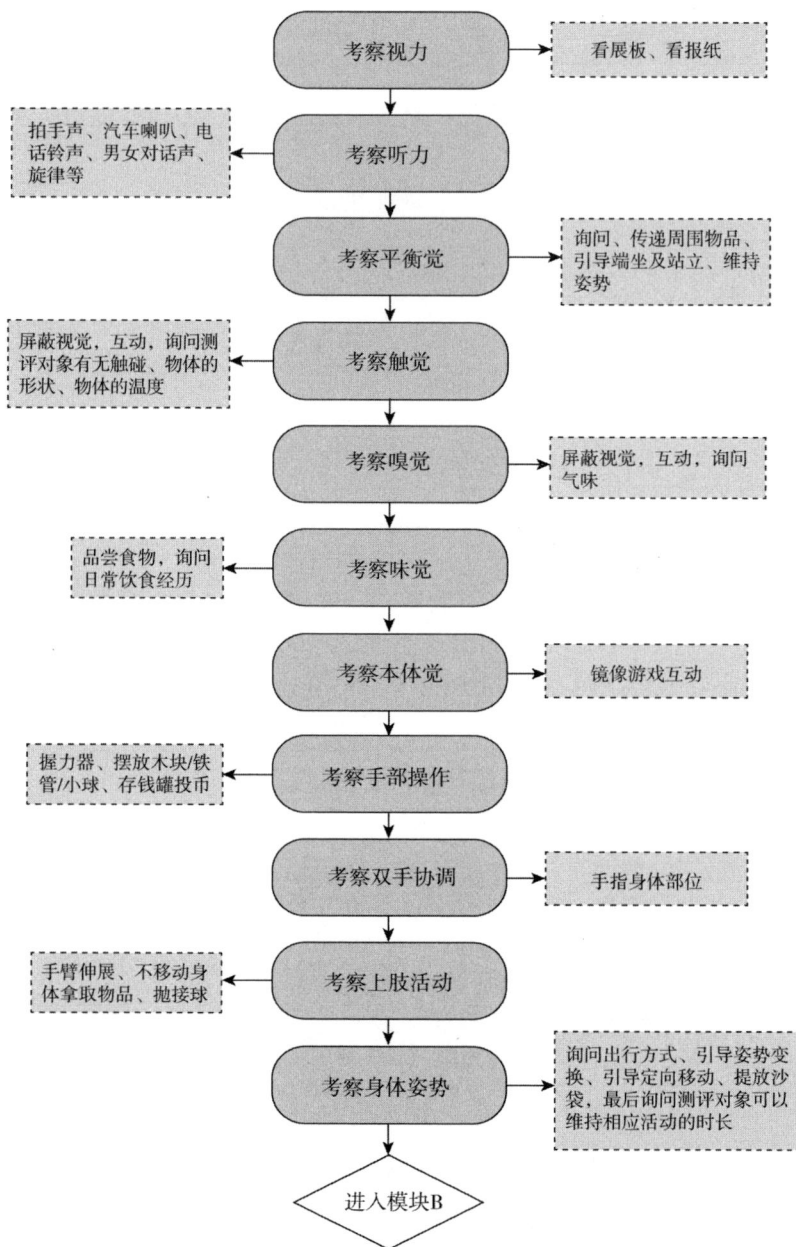

图 4-1 "残疾人职业能力物理测评"流程（身体功能）

2. 考察专注力，通过引导测评对象穿珠子、拼图、拍皮球，对其活动

完成情况进行观察、判定、记录。

3. 测评注意力，先让测评对象辨识积木形状、辨识积木颜色、询问出行方式，而后故意插话分散其注意力，最后对测评对象的完成情况，进行观察、判定、记录。

4. 测评主动行为，采取布置明确任务（圈画标注图形任务），但缺乏执行条件，比如没有笔、没有相应的图形元素。对测评对象的主动沟通行为，进行观察、判定、记录。

5. 测评观点表达，采取询问日常生活细节的方式，在交流过程中对测评对象表达时的逻辑性、合理性、流畅性，进行观察、判定、记录。

6. 测评交流讨论，通过讲述"新龟兔赛跑"的故事，向测评对象提问开放性问题（谁赢得了比赛？为什么?），根据测评对象的表达，进行观察、判定、记录。

7. 测评社交礼仪，通过打招呼、简单问候等方式，对测评对象的反应，进行观察、判定、记录。

8. 测评人际交往，采取提问（如何认识新朋友?），以及社交互动的方式，根据测评对象的互动行为，进行观察、判定、记录。

9. 测评社交能力，采取家务分工讨论的方式，根据测评对象的表述，进行观察、判定、记录。

10. 测评简单任务效率，通过分发牌、装订文件、拧螺帽 3 个简单任务，对测评对象的完成情况，进行观察、判定、记录。

11. 测评复杂事务处理能力，通过组织运动会、组织文艺晚会、安排招聘会三个桌游，对测评对象的完成情况，进行观察、判定、记录。

模块 C：功能性学业能力（见图 4-3）

1. 考察阅读理解能力中的图片识别、标识识别能力，通过展示厕所图标、食品图标、蔬菜水果图标、快餐图片，对测评对象的回应情况，进行观察、判定、记录。

2. 考察阅读理解能力中的卡片识别能力，主要通过识别身份证信息、

```
┌─────────────────┐        ┌─────────────────┐
│   考察反应力     │───────▶│ 拧瓶盖、搬凳子、填写 │
└─────────────────┘        │   个人信息        │
         │                 └─────────────────┘
         ▼
┌─────────────────┐        ┌─────────────────┐
│   考察专注力     │◀───────│ 穿珠子、拼图、拍皮球 │
└─────────────────┘        └─────────────────┘
         │
         ▼
┌─────────────────┐        ┌─────────────────┐
│   测评注意力     │───────▶│ 辨识积木形状、辨识积木 │
└─────────────────┘        │ 颜色、询问出行方式，而 │
         │                 │ 后故意插话干扰      │
         ▼                 └─────────────────┘
┌─────────────────┐  ┌─────────────────┐
│   测评主动行为   │◀─│ 布置明确任务，但缺乏执行 │
└─────────────────┘  │ 条件，观察主动沟通行为  │
         │           └─────────────────┘
         ▼
┌─────────────────┐        ┌─────────────────┐
│   测评观点表达   │───────▶│ 以询问日常生活细节的  │
└─────────────────┘        │ 方式，观察表达时的逻  │
         │                 │ 辑性、合理性、流畅性   │
         ▼                 └─────────────────┘
┌─────────────────┐  ┌─────────────────┐
│   测评交流讨论   │◀─│ 讲述"新龟兔赛跑"的故事， │
└─────────────────┘  │ 向测评对象提问开放性问题 │
         │           └─────────────────┘
         ▼
┌─────────────────┐        ┌─────────────────┐
│   测评社交礼仪   │───────▶│ 打招呼、简单问候，   │
└─────────────────┘        │ 观察测评对象的反应   │
         │                 └─────────────────┘
         ▼
┌─────────────────┐  ┌─────────────────┐
│   测评人际交往   │◀─│ 采取提问（如何认识新朋 │
└─────────────────┘  │ 友？），以及社交互动的方式 │
         │           └─────────────────┘
         ▼
┌─────────────────┐        ┌─────────────────┐
│   测评社交能力   │───────▶│   家务分工讨论     │
└─────────────────┘        └─────────────────┘
         │
         ▼
┌─────────────────┐
│  测评简单任务效率 │
└─────────────────┘
         │
         ▼
┌─────────────────┐
│ 测评复杂事务处理能力 │
└─────────────────┘
         │
         ▼
      ◇ 进入模块C ◇
```

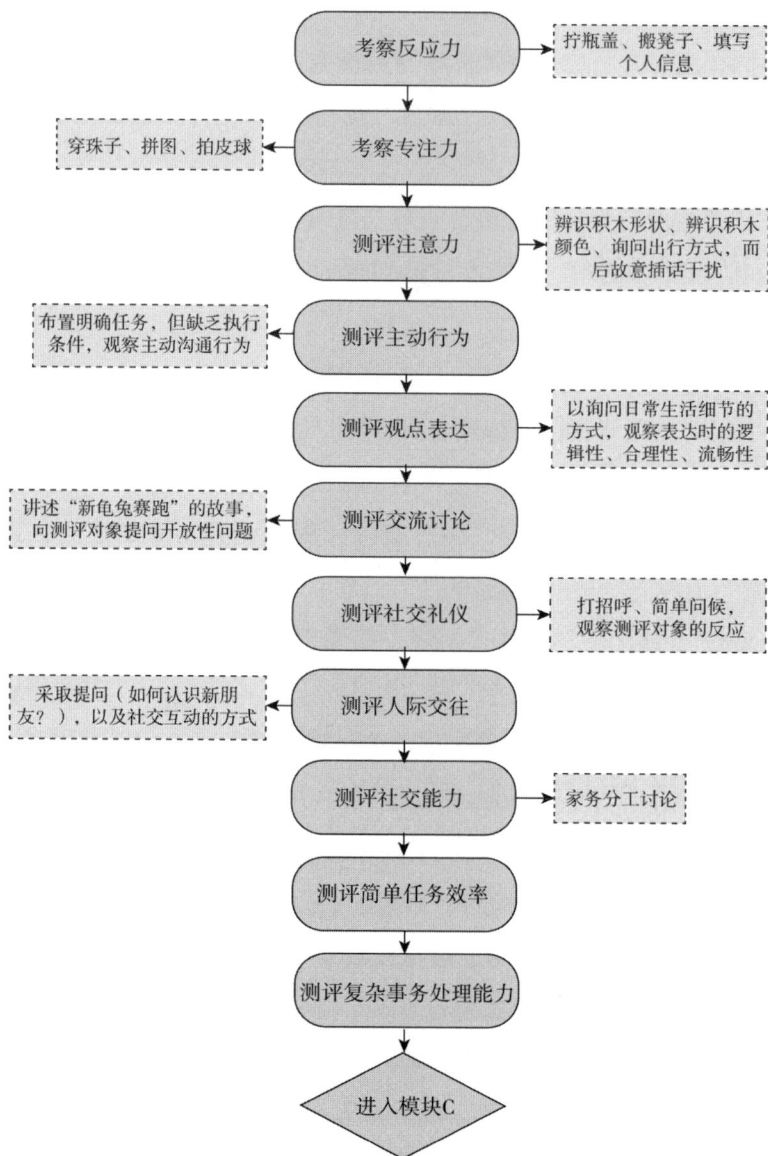

图 4-2　"残疾人职业能力物理测评"流程（职业潜能）

银行卡信息，对测评对象的回应情况，进行观察、判定、记录。

　　3. 考察文字理解、情境理解能力时，主要通过展示图片，询问图片表达的意思，对测评对象的回应情况，进行观察、判定、记录。

考察图片识别、标识识别能力 → 展示厕所图标、食品图标、蔬菜水果图标、快餐图片

识别身份证信息、银行卡信息 ← 考察卡片识别能力

考察文字理解、情境理解能力 → 展示图片，询问图片表达的意思

故事卡片排序、文字卡片排序 ← 考察逻辑理解能力

考察语言表达能力 → 抄写填写、复述点餐记录

留言条、请假条、通知、看图写话、我的工作愿望、演讲稿写作 ← 考察写作能力

考察识别数字能力 → 识别电话号码、身份证号码

计算实物数量、四则运算题目 ← 考察计数、基础运算能力

考察点餐结账、计算器使用能力 → 描述点餐、购物的数量变化，引导测评对象算出账单，同时引导计算器使用

展示实物、指针式表盘、电子式表盘、钱币钞票，同时进行问答互动 ← 考察空间概念与运用能力

完成测评

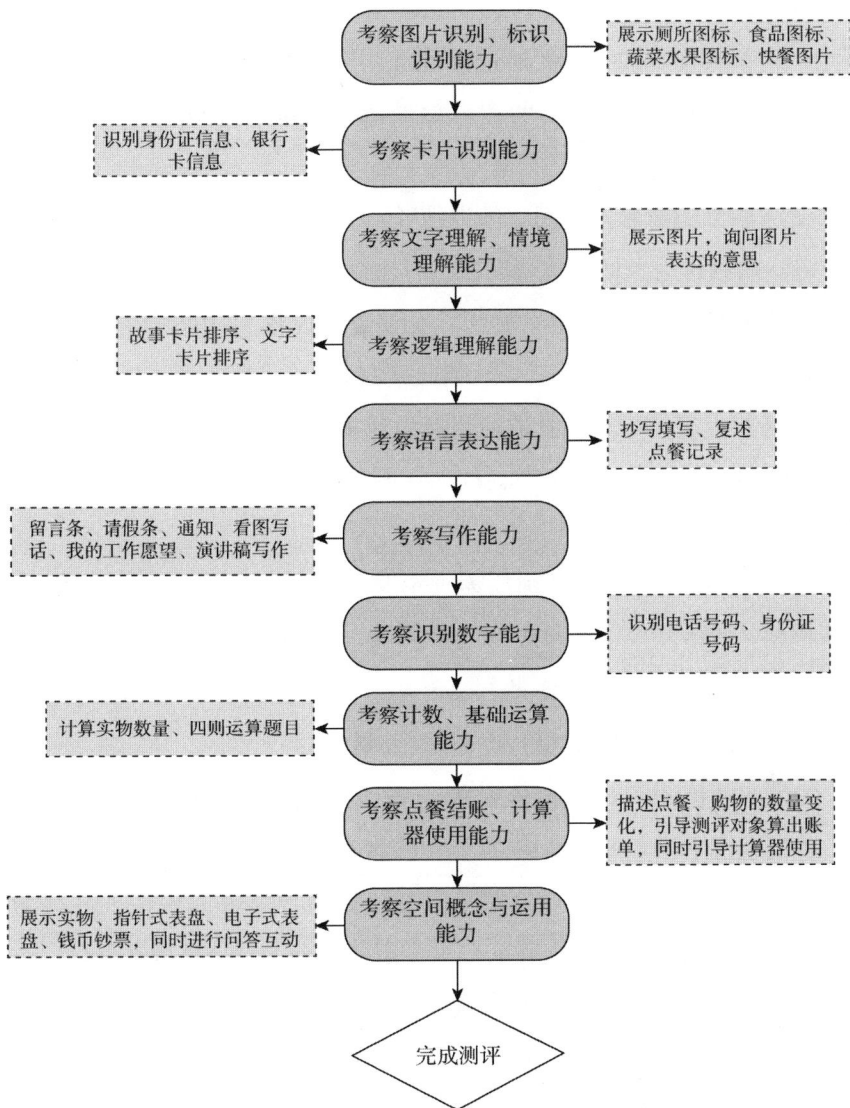

图 4-3 "残疾人职业能力物理测评"流程（功能性学业能力）

4. 考察逻辑理解能力，主要通过故事卡片排序、文字卡片排序，对测评对象的回应情况，进行观察、判定、记录。

5. 考察语言表达能力，主要通过抄写填写、复述点餐记录，对测评对

象的回应情况，进行观察、判定、记录。

6. 考察写作能力，主要通过留言条、请假条、通知、看图写话、我的工作愿望、演讲稿写作，对测评对象的回应情况、完成情况，进行观察、判定、记录。

7. 考察数的概念及运用中的识别数字，主要通过识别电话号码、身份证号码，对测评对象的完成情况，进行观察、判定、记录。

8. 考察计数、基础运算能力，主要通过计算实物数量、四则运算题目，对测评对象的完成情况，进行观察、判定、记录。

9. 考察点餐结账、计算器使用能力，主要通过描述点餐、购物的数量变化，引导测评对象算出账单，同时引导计算器使用，对测评对象的完成情况，进行观察、判定、记录。

10. 考察空间概念与运用能力，主要通过展示实物、指针式表盘、电子式表盘、钱币钞票，同时进行问答互动，对测评对象的回应情况、完成情况，进行观察、判定、记录。

（三）残疾人职业能力测评——线上测评

线上职业能力测评主要依托福建省残疾人就业创业网络服务平台开展，各区残疾人就业服务机构工作人员负责指导街（镇）、社区（村）残疾人联络员按要求对有就业意愿且具备一定就业条件的残疾人开展测评。相关测评信息同步录入全国残联信息化服务平台。具体流程如下。

1. 相关工作人员在测评前应充分与求职残疾人进行沟通交流，了解、掌握残疾人基本信息及求职方向。

2. 指导求职残疾人在平台上注册、登录账号，完成线上测评。

3. 残疾人联络员应根据测评结果进行相应解读，引导求职残疾人树立正确的就业观、择业观，并结合残疾人自身条件、能力及意愿开展初步职业指导。

（四）残疾人职业心理咨询

厦门市通过每年公开招投标的方式，委托第三方专业心理咨询机构开展残疾人职业心理咨询服务，开通了残疾人职业心理咨询服务热线，实行先预约、后服务。主要服务内容有团体辅导、一对一心理咨询、心理健康测评以及社会适应性测评，具体流程如下。

1. 有职业心理咨询需求的残疾人可以通过拨打心理咨询服务热线预约心理咨询服务。

2. 需要职业心理咨询服务的残疾人就业机构（如用人单位、辅助性就业机构等）可以向区残疾人就业服务机构预约，汇总有相关服务需求的人员名单并提交至市残疾人就业服务机构，由市残疾人就业服务机构进行协调。

3. 心理咨询师在了解服务对象的情况和需求后，选择合适的形式开展心理咨询服务，制订具体的服务方案。团体辅导主要面向福乐家园、残疾人职业援助中心以及社会力量举办的辅助性就业机构、安置本市户籍残疾人就业人数较多的用人单位，以心理功能、认知能力训练及人际关系处理、提升个体能力等内容为主（受众中精神、智力类残疾人较多）。一对一心理咨询主要针对就业年龄段残疾人求职意向引导、职场人际关系处理等方面开展，采取心理咨询师与咨询人一对一、面对面的方式，主要目的是引导残疾人树立正确职业观、缓解职场家庭压力，稳定残疾人就业。综合心理健康测评 SCL-90 等专业量表，辅导残疾人进行自评，对残疾人心理健康状况进行筛查与跟踪。社会适应性测评通过对生活自理能力、社交沟通能力以及社会能力等方面进行测评，初步考量残疾人就业条件，目前主要应用在辅助性就业机构，主要是为机构初步提供能力训练支持，同时挖掘有就业能力条件的学员积极参与社会竞争性就业（如按比例就业等）。

4. 在开展服务的过程中，心理咨询师要根据实际情况调整服务方案并做记录，根据开展服务的方式及时填写相应的服务记录表、过程记录表、心理咨询登记表等并归档。服务结束后，应开展效果评估，收集质量反馈单，填写总结记录表，形成心理评估报告并存档。

（五）残疾人就业培训工作

就业培训是残疾人就业服务的重要环节。通过多渠道、多形式的就业培训，为残疾人求职者提供全面、扎实的就业培训服务，着力打造覆盖职前训练、实习、在职培训、再培训各阶段的全周期式就业培训流程，可以提升残疾人的就业技能、为残疾人就业创造有利条件。虽然残疾人就业培训的具体内容会因需求和就业岗位差异而大有不同，但整体而言，残疾人就业培训的内容都应该涵盖基本生活能力、社会适应能力、职业知识与技能三个方面。

在基本生活能力培训方面，可以与医院等医疗康复机构及康复医学与治疗领域的专业人才合作，为有康复需求的各类残疾人提供有针对性的康复训练，提升他们的独立生活能力。具体内容包括但不限于：对于视力残疾人，提供视觉功能、定向行走、感知觉补偿等能力训练；对于听力言语残疾人，提供听觉、语言等能力训练；对于肢体残疾人，提供运动、认知、语言等能力训练；对于心智障碍者，提供认知、沟通、社交、情绪及行为调控等能力训练；对于脊髓损伤者，提供生活重建训练。康复指导师须具备专业资质，在工作过程中掌握服务对象的基本信息、伤残信息、职业能力评估信息，了解服务对象的需求及基本情况，为其建立职业康复训练档案，在与服务对象协商一致的基础上，制订康复方案，帮助服务对象明确训练目标、训练内容、训练时间等内容，根据方案日程如期开展康复训练，定期评估服务对象的身心功能，适时调整训练方案并记录存档。除了康复训练，服务内容还包括金钱管理、时间管理、智能手机使用等基本生活能力和技能。

在社会适应能力培训方面，应该以情绪管理和社交沟通能力作为培训重点，通过开展讲座、组织小组活动、日常训练等方式帮助残疾人求职者掌握情绪管理和社交沟通的技巧与能力，增强他们的社会适应能力，让他们在未来能更好地适应职场环境。

职业知识与技能培训的目标旨在帮助残疾人求职者树立正确的就业观念和态度，了解相应的法律法规和劳动者权益，提升职业技能与素养。培训内容和方式与服务对象的残疾程度、残疾类别、受教育程度、知识和技能水平、职业定位以及岗位需求等实际情况相匹配。培训内容包括但不限于：劳动保障、残疾人权益保障等法律法规；就业和创业扶持政策；劳动安全知识和应急演练；简历制作、自我介绍、面试技巧等求职方法；职业道德和素养；职场礼仪；心理健康知识；岗位基础知识；职业和竞赛专业技能；创业方法等。培训方式包括专家课堂讲授、观看教学视频、实操演练、实地考察学习、师带徒培训、岗位实训等。在职业技能方面，以实操演练作为最主要的培训方式，为求职者残疾人提供长期、连贯、循序渐进的训练，帮助他们做好进入职场的准备。同时，厦门市还将进一步加强与用人单位和职业院校等相关主体的合作，以劳动力市场需求为导向，鼓励用人单位参与残疾人职业能力训练体系建设，为用人单位提供雇主培训业务，引导职业院校积极开发面向残疾人的就业创业培训和职业能力提升项目，不断推动残疾人职业培训基地建设与发展，定期举办残疾人职业技能竞赛和职业技能展示交流活动，为残疾人赋能，让更多残疾人求职者在学习和竞争中提升自我，拥有一技之长，从而在就业市场上具备更强的竞争力。

（六）人岗匹配——普遍性推荐匹配

厦门市通过常态化举办各种类型招聘会，逐步形成了"线下设点+线上发布+直播带岗"多位一体的招聘会举办模式，扩大了岗位推荐、人岗匹配覆盖人群和影响范围，让有求职需求的残疾人能够广泛了解招聘信息。具体工作流程如下。

1. 有求职需求的残疾人可电话联系市、区两级残疾人就业服务机构，或在岛内外两个人力资源市场"残疾人就业"专窗中进行意向登记。

2. 在实时更新用人单位招聘信息、服务对象求职信息的基础上，通过举办线下招聘会、线上发布招聘信息、直播带岗等方式促进残疾人求职者和用人单位的双向匹配。

1）线下招聘

目前厦门岛内、岛外各有一处固定招聘场所，即厦门市人力资源市场

（思明区湖滨东路 319 号 B 座 1 楼）及海沧区人力资源市场（海沧区南海三路 1268 号 2 楼），主要举办形式为结合人力资源社会保障部门开展常规招聘、残疾人专场招聘，每月视情举办 1~2 场次。

2）线上招聘

在厦门市残疾人联合会微信公众号、人力资源社会保障部门就业平台、福建省残疾人就业创业网络服务平台等渠道不定期举办残疾人线上专场招聘会，推送残疾人就业岗位。

3）直播带岗

依托厦门职介视频公众号等平台，采取线下招聘会"走播带岗""宣讲带岗""直播间专门带岗"等方式相结合开展，后期将探索融入手语直播等方式，丰富岗位推介形式，扩大岗位推介覆盖面，进一步方便残疾人求职。

（七）人岗匹配——个别化推荐匹配

厦门市对应届高校残疾人毕业生等重点帮扶对象开展"一人一策""一人一档"精准化推介服务，服务范围涵盖需求了解、政策解读、推荐培训、岗位推介、对接帮扶等，具体流程如下。

1. 根据人力资源社会保障部门通知下发时间（基本为毕业生大四学期），推送一次性求职创业补贴申请及相关公共就业政策。

2. 每年初结合就业援助月专项活动及毕业生寒假返厦，市、区各级残疾人就业服务机构及残疾人联络员开展入户走访，了解就学状况及初步就业意愿意向，推送解读厦门市残疾人就业创业帮扶政策，按需适时开展简历制作、求职心理调适等相关培训。

3. 每年 5—7 月，结合年初摸排情况，一对一动态跟踪毕业生就业意愿意向变动，针对性开展毕业生专门岗位开发、征集。

4. 8、9 月份大学生毕业返厦，组织毕业生就业座谈等相关活动，跟踪大学生升学等情况，筹备专场招聘会。

5. 根据需求推送招聘会及相关招考信息，个别化推荐就业岗位（原则上不少于 3 个），对有需求的毕业生开展陪同面试、指导创业等相关帮扶。

6. 跟踪毕业生就业创业状况，稳定大学生就业创业，对符合条件的大学生及时落实奖补政策。

（八）就业跟踪

就业跟踪是协助残疾人顺利实现就业身份转换、保护残疾人合法权益、提升残疾人就业稳定性的重要方式。就业跟踪期间的服务内容包括但不限于：定期对其进行职业心理测评、适时提供职业心理咨询服务、形成心理评估报告并存档；从就业满意度、职场融入、员工关系、环境障碍等维度综合评价其就业质量；了解其在就业过程中遇到的困难并告知用人单位，协同用人单位根据其需要给予相应的支持和帮助，并做好服务记录。主要工作如下。

1. 建立残疾人就业信息跟踪反馈制度。为实现就业的残疾人提供至少一年的回访工作，涵盖入职期、适应期、稳定期、终止期、后续支援期 5 个阶段，从而全面掌握其现实就业情况，并根据其反映的问题和需求提供相应的服务与支持。

2. 加强与用人单位的沟通与合作。指导用人单位做好残疾人就业情况申报、残疾职工审核备案等工作；持续跟踪用人单位对残疾职工的就业服务过程，确保残疾人的劳动权益得到保障；引导用人单位不断优化残疾人就业管理机制，完善无障碍建设，创造包容多元、平等公平的全纳性就业环境；了解用人单位遇到的问题，为用人单位提供支持与帮助。

二、残疾人就业类型认定及奖励申请流程

（一）残疾人自主创业奖励申请审批

1. 申请

申请自主创业奖励的对象携以下材料向户籍所在地居（村）委会提交申请：《厦门市残疾人自主创业一次性奖励申请审批表》《厦门市残疾人创业带动就业奖励申请审批表》、运营许可证照原件和复印件、申请人本人

的《就业创业登记证》原件和复印件。创业带动就业的用人单位还需提供经市残疾人就业服务中心确认的《在岗残疾职工核定结果通知单》；个体工商户和经认定的小微企业需提供与残疾人签订的劳动合同、工资发放凭证、由税务部门出具并确认的用人单位为残疾人缴纳社会保险的证明、所招收的残疾人的《就业创业登记证》。

2. 审批

经街（镇、场）残联初审后报区残疾人就业服务机构审核，区残疾人就业服务机构到申请人经营地址进行实地核查后报区残联审批，审批结果在申请人所在社区（村）公示5天，公示无异议后，由区残联将奖励资金转入申请人银行账户。

（二）残疾人自主创业经营补贴和社保补助申请审批

1. 申请

申请经营补贴和社保补助的对象携以下材料在每年7月31日前向户籍所在地居（村）委会提交申请：《厦门市残疾人自主创业经营补贴和社保补助申请审批表》；户口簿原件及复印件；运营许可证照原件及复印件；社会保险费缴费凭证（扣费银行开具的《厦门市公用事业缴费一卡通微机收据》或税务部门开具的《税收电子转账专用完税证》）原件及复印件。申请社保补缴补助的还需提供《厦门市社会保险费政策性缴费个人核定通知单》原件或有效复印件。

2. 审批

经街（镇、场）残联初审后由区残疾人就业服务机构在8月15日前对申请人的相关情况进行实地核查后，报区残联审批，审批结果在申请人所在社区（村）张榜公示5天，公示无异议后，由区残联于9月30日前将补贴资金转入申请人银行账户。

（三）残疾人职业技能竞赛奖励

1. 奖金申请

厦门市残疾人职业技能竞赛奖金，由市残疾人就业服务中心向市残联提出申请。

2. 奖金发放

经厦门市残联审批后，由厦门市残疾人就业服务中心根据《厦门市残疾人职业技能竞赛奖励办法》中规定的奖励标准予以发放。

第三节 用人单位安置残疾人就业相关工作流程

残疾人就业服务工作不仅服务于就业年龄段的残疾人，也服务于残疾人用人单位。本节的内容主要汇总残疾人就业工作中以用人单位为服务对象部分的相关工作流程，其中包括用人单位安置残疾人就业相关流程，以及用人单位安置残疾人就业激励认定相关流程两部分。

一、用人单位安置残疾人就业相关流程

（一）用人单位招聘残疾人

用人单位招聘残疾人可以选择网上办理、线下办理等方式办理相关业务。

1. 网上办理

用人单位线上招录残疾人。登录福建省残疾人就业创业网络服务平台，根据"用人单位注册"页面提示完成企业用户注册，直接在线上招聘残疾人；或通过电子邮件发送方式招聘，将相关材料通过电子邮件发送至指定邮箱。

2. 线下办理

用人单位拟招聘残疾人可以到所在地残疾人就业服务机构申请，也可向市残疾人就业服务中心提出申请并进行登记办理。需要递交的相关材料如下：

——用人单位的营业执照（副本）（复印件需加盖公章）；

——填写《厦门市用人单位招聘残疾人岗位信息表》（加盖公章；可登录厦门市残疾人联合会官网下载或现场填写）。

（二）用人单位培训

促进残疾人求职者高质量就业，不仅要为残疾人求职者提供有针对性的就业培训服务，也要通过定期举办残疾人雇主培训班等形式加强对用人单位的培训，提升用人单位的社会责任感，增强用人单位服务残疾人求职者和残疾员工的能力，进而达到促进残疾人实现就业和稳定就业的目的。正在雇用残疾人的用人单位和潜在的残疾人用人单位都是用人单位培训的重要对象，培训内容应该包括以下几个方面。

1. 残疾理念/观念培训

从认识和理解残疾现象和残疾群体入手，使用人单位消除对残疾群体可能的污名化认识，理解残疾人是重要的生产力来源。

2. 残疾人就业扶持政策

向企业系统化宣讲吸纳残疾人就业可以享受的社会政策，如按比例就业、税收减免等政策。

3. 残疾人就业岗位开发

基于案例向用人单位介绍各类残疾人适合的工作岗位和工种，并结合用人单位的具体情况给予专业指导和个别化跟进。

4. 残疾人就业管理

从残疾人就业环境营造、车间模板、一日工作流程、注意事项等方面给予用人单位具体的工作指引，协助用人单位降低雇用残疾人就业的顾虑，掌握切实可行的残疾人就业管理流程。

5. 残疾人就业服务合作

向用人单位介绍提供残疾人就业服务的社会资源及其可以提供的具体残疾人就业服务内容，如残疾人职业培训学校、残疾人就业服务机构、残疾人托养机构等。

　　培训形式方面，可以采用宣传手册、集中培训、线上小课堂、一对一咨询等多种方式进行。在工作流程上，可以参考以下内容。

　　——每年在全市范围内定期开展用人单位培训活动，宣传并解读最新的残疾人就业扶持政策、税收优惠政策等，向用人单位介绍招聘、录用残疾人求职者的完整流程及注意事项，帮助用人单位掌握残疾人就业需求和特征，强化用人单位履行社会责任的意识，营造用人单位积极吸纳残疾人就业的氛围。

　　——加强与各用人单位的联系，密切关注用人单位在接收残疾人就业方面存在的困惑与困难，进行汇总记录。

　　——对于各用人单位提出的具有普遍性的问题，要加大关注和研究力度，并通过组织线上或线下的残疾人雇主培训班、发布推送、制作宣传手册等形式进行集中回应。

　　——对于个别用人单位提出的具体问题，及时进行回应和指导。

　　——结束培训工作后，应通过发布调研问卷、回访用人单位等方式评估培训效果。

　　（三）岗位征集和开发

　　残疾人就业岗位征集和开发是实现残疾人就业的关键和难点，也是残疾人就业服务工作的重点之一。该工作的主要流程如下。

　　1. 加强与用人单位的沟通联系，广泛宣传按比例安排残疾人就业、超比例安排残疾人就业奖励等政策，鼓励用人单位根据实际需要招聘录用残疾人。

　　2. 依托常态化走访拓岗机制，向用人单位介绍不同类别残疾人的从业特点，根据用人单位的行业特点及人力结构，结合残疾人的职业需求及能力，帮助用人单位梳理其现有组织架构中适合残疾人的就业岗位，指导用人单位根据实际需求及残疾人特点合理开发新的残疾职工岗位，填报《厦门市用人单位招聘残疾人岗位信息表》。

　　3. 与第三方职业介绍机构密切协作，借助职介机构专业力量及用人单位数据库等资源，进一步拓宽残疾人就业岗位开发、征集渠道，探索建立动态招聘岗位清单。

4. 与人力资源和社会保障等相关部门协调合作，将残疾人就业更加深度融入困难群体就业中统筹推进，借助人力资源社会保障部门"民营企业服务月""百日千万"等相关专项招聘活动拓展残疾人就业岗位。

5. 为职业能力有限、职场竞争力不足、无法进入竞争性就业岗位也难以实现自主创业和自谋职业的残疾人群体（如部分精神、智力以及重度肢体残疾人）提供庇护性、辅助性的就业服务。一方面，聚合社会助残资源开辟更多向残疾群体开放的公益性岗位；另一方面，探索依托于社区开展的以社会融合为导向的辅助性就业服务形式（如厦门在各区开设的福乐家园及在各街镇开设的残疾人职业援助中心），鼓励社会力量创办辅助性就业机构，让就业年龄段未实现就业的残疾人能走出家门，就近参加职业技能培训、体能康复训练和庇护性简易劳动，帮助他们发挥潜能、提高技能、提升社会适应能力，通过训练实现就业或辅助性就业。

在"互联网+"的背景下，厦门市还将依托互联网等现代信息通信技术积极促进残疾人互联网就业，通过与互联网公司、电商平台、直播平台合作等方式，推动残疾人居家就业、远程就业新形式（如数据标注员、电话客服等），为他们营造友好的网络就业环境，实现残疾人就业形态多元化发展。

（四）按比例安排残疾人就业核查

1. 核查对象

当年度联网认证审核通过的用人单位以及享受厦门市超比例安排残疾人就业奖励的用人单位，均属于此类用人单位申报的范畴。

2. 核查内容

用人单位按比例安排残疾人就业情况。主要包括残疾人证信息、岗位信息、在职情况、工资发放情况、缴交社医保情况以及劳动权益保障等。

3. 核查时间

全年开展。相关审核业务开展后，各单位按职责及时对审核通过的用人单位及残疾职工情况开展核查。用人单位及残疾职工相关数据，由市残疾人就业服务中心按季度提供给各区。

4. 核查方式

电话核查、发函核查、实地（入户）核查等。

5. 工作职责

——各区按户籍属地原则负责对残疾职工进行核查。对于用人单位申报按比例安排残疾人就业（未享受超比例奖励）的残疾职工，由各区按照不低于申报总数 10% 的比例，进行抽查核实，用人单位跨地区招用（非本市户籍）的残疾人，按公司经营地所在地实行属地管理；对申报超比例奖励的用人单位的残疾职工，由各区全面核查，实现当年核查覆盖率 100%。存在残疾职工反映工资发放、社医保缴费等问题的，必须逐个落实入户调查、做好笔录并经残疾人本人或其监护人签字确认。

——市残联负责对用人单位进行核查。由市残疾人就业服务中心或委托第三方机构对申报按比例安排残疾人就业（未享受超比例奖励）的用人单位，依据闽数字办〔2021〕8 号文件的要求，按照不低于申报总数 5% 的比例，进行抽查核查；对申报超比例奖励的用人单位，按照不低于 20% 的比例进行抽查，实现 5 年全覆盖。

——劳动监察。各单位核查中发现的涉嫌违反有关残疾人劳动保障法律、法规情形的，及时移交各级人力资源和社会保障部门并跟踪问题处理情况。各区及时将相关问题及处理结果书面报送市残疾人就业服务中心汇总后报市残联。

6. 工作要求

各单位要建立核查台账，对核查工作做好登记。各区残联分别于 6 月底、9 月底，将第二、第三季度核查情况书面报送市残疾人就业服务中心汇总后报市残联；当年度核查工作完成后，结合第四季度核查情况形成年度核查报告并于 12 月 31 日前报送市残疾人就业服务中心汇总后报市残联。核查工作流程如图 4-4 所示。

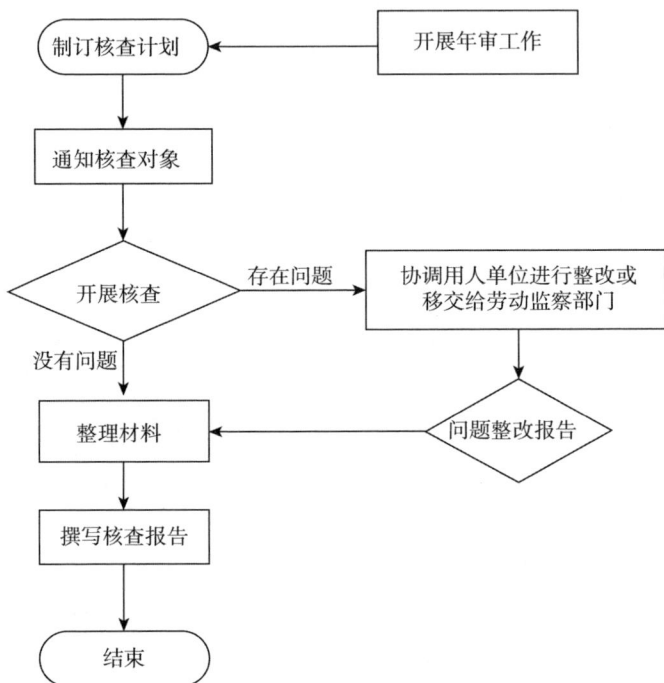

图 4-4　核查工作流程

二、用人单位安置残疾人就业激励认定相关流程

(一) 残疾人辅助性就业机构资金审批申请流程

1. 申请

满足基本条件的残疾人辅助性就业机构，于每年 6 月 1 日—7 月 31 日向机构注册或登记地址所在区的残联所属残疾人就业服务机构提出申请，并提供以下材料：《厦门市扶持残疾人辅助性就业机构资金申请审批表》一式两份；在行政管理部门登记注册或附设机构的相关证件的复印件一份（首次申请或再次申请有变动时提供）；与残疾人或其监护人签订的辅助性

就业服务协议或劳动合同复印件一份；《辅助性就业人员花名册》一份；所安置残疾人合法有效的《中华人民共和国残疾人证》或《中华人民共和国残疾军人证》复印件一份；通过银行等金融机构向安置残疾人支付工资或劳动报酬的凭证复印件一份；有关劳动生产项目、相关管理制度的说明材料一份；社保征收（经办）单位出具的机构为辅助性就业人员缴纳职工基本养老保险、职工基本医疗保险、失业保险缴费情况的有效凭据一份（申请社会保险补贴的机构需提供）；机构场所属租赁性质的应提供租赁合同及转账凭证复印件。

2. 审核

受理申请的残疾人就业服务机构在接到提交的材料后，应认真审核，并在 10 个工作日内，至少安排两名工作人员对辅助性就业机构进行实地核查，形成核查意见。对不符合条件的辅助性就业机构，应及时书面告知退件并说明理由。对符合条件的辅助性就业机构，应书面告知受理申请的补贴项目，同时根据标准核算扶持资金，公示 5 个工作日，公示无异议的，签署审核意见，报同级残联审批。

3. 审批

区残联应在区残疾人就业服务机构核查、审核的基础上，进一步确认审查申报材料是否符合规定、内容是否属实，核定扶持资金金额，在 5 个工作日内完成审批。

4. 拨付

各区残联向同级财政部门申请核拨扶持资金。残疾人就业服务机构（残联）在财政部门扶持资金到账后，应在 10 个工作日内通过金融机构将扶持资金拨付给残疾人辅助性就业机构。

（二）残疾人按比例就业联网认证办理

该事项为"全程网办"事项，用人单位在网上申报，无须跑腿到窗口、无须提交纸质材料。办理对象为厦门市行政区域内有安排残疾人就业的机关、团体、企业、事业单位以及其他组织（以下简称"用人单位"）。目前，厦门市在"全程网办"的基础上已率先实现了"邮寄办"和"即来即办"。

1. 办理条件

——用人单位安置在法定就业年龄内、持《中华人民共和国残疾人证》或持《中华人民共和国残疾军人证》（1至8级），有就业要求且具有一定劳动能力的残疾人。

——用人单位跨地区招用残疾人的，应当按福建省所规定的比例计入安排残疾人就业人数。

——用人单位依据规定为残疾人足额缴纳社会保险费。

——用人单位按照《厦门市企业工资支付条例》向残疾人支付工资。

——用人单位需与残疾人签订一年期以上劳动合同。

2. 办理流程

第一步：用人单位在福建省网上办事大厅系统中找到"全国残疾人按比例就业情况联网认证（厦门市）"事项。

第二步：在搜索框搜索"全国残疾人按比例就业情况联网认证（厦门市）"，找到对应事项，点击在线办理。

第三步：选择对应行政区域后，进入登录页面，输入法人账号信息后登录系统，选择"我要申报"。

第四步：进入系统页面后，提示"申报单位在申报残疾人按比例就业联网认证时应对申报材料的真实合法性进行严格核实，全国残疾人按比例就业情况联网认证系统已与相关监督管理部门进行数据联网，用人单位或劳务派遣组织在申报残疾人就业联网认证过程中如存在虚假就业、虚假申报、重复就业（一名残疾人同时间段被多家用人单位或劳务派遣组织进行虚假就业安置）等情况的，相关法律责任由申报单位自行承担，请仔细阅读后办理"。

（三）超比例安排残疾人就业奖励

厦门市采取"免申即享"模式对超比例安排残疾人就业的用人单位进行奖励（无须用人单位主动申报），在全国残联系统同类事项中为全国首创。办理对象为厦门市行政区域内超比例安排（实际安置残疾人数超出应安置人数）残疾人就业的非财政核拨、核补的用人单位。系统将根据联网认证结果向符合条件的用人单位推送超比例奖励信息，经用人单位确认并上传票据后，就业中心拨付奖励资金。

具体办理条件如下：

——用人单位聘用的残疾人需为厦门市户籍的持证人员。

——用人单位为残疾人实际支付的工资不低于申报年度厦门市最低工资标准。

——安排1名肢体一级，视力一、二级按安排2名残疾人的计算方式不适用于本事项。

——用人单位实际安排就业的残疾人占本单位在职职工总数比例高于厦门市现行残疾人就业保障金政策，并且超出比例部分实际安排就业的残疾人人数超出1人以上（含1人）。

——对上一年度享受促进残疾人就业增值税退税政策的用人单位，按实际安排就业的残疾人占本单位在职职工总数的比例高于25%，实际安排就业的残疾人人数不低于10人（含10人），并且超出比例部分实际安排就业的残疾人人数超出1人以上（含1人）。

（四）国家级残疾人职业培训基地申报

依据《国家级残疾人职业培训基地培训服务规范（试行）》，国家级残疾人职业培训基地申报条件和申报流程如下。

1. 申报条件

——机构与资质：申报国家级残疾人职业培训基地的机构，应当是具有培训资质的中高等院校、特教机构、社会培训机构、实训企业及残联所属法人机构。

——法规与宗旨：全面贯彻《中华人民共和国职业教育法》《残疾人教育条例》《残疾人就业条例》等法律法规；愿意为残疾人提供培训服务，培养目标和岗位指向明确，有计划地开展残疾人就业技能、职业提升、职业康复和职业道德培训，帮助残疾人掌握相应的职业技能。

——机构管理：配有专职或专任基地负责人、项目负责人和相关管理人员。

——师资队伍：理论教师和实训教师80%以上具有与培训项目（专业）相应的中级以上专业技术职务或高级及以上职业资格。

——岗位制度：有完善的管理制度和相配套的岗位职责，保证残疾学员日常学习、生活和实习的安全。

——项目要求：开设的职业（工种）培训项目、课程适合残疾人的身心特点，符合本地区的经济发展需求和企业生产要求。

——规模与信誉：开展残疾人职业技能培训3年以上，具有一定培训规模，培训后就业率较高，培训计划、培训方案完备，年度培训档案完整，电子档案和培训影像资料齐全，培训质量高，培训促进就业效果显著，具有良好的社会信誉。

——场地设施：有稳定的培训场所，配有满足残疾人培训的无障碍软硬件设备设施及教学辅助工具（如电梯、坡道、盲道、语音教材、手语教材等），配备与培训项目和培训规模相适应的模拟、教学和实训设施设备齐全的实训室，或建立与培训项目相衔接的实训、见习基地。实训工位充足，符合劳动保护、安全、消防、卫生等有关规定及相关培训项目的安全操作规程。

——住宿条件：设有男女分区的学员宿舍；设立食堂、食品小卖部的培训机构，取得相应的《餐饮服务许可证》和《食品安全许可证》等相关证照。

2. 申报流程

——推荐评审：由各级残联就业服务机构逐级申报，市、县向省级残联就业服务机构申报，各地根据申报要求，按照公平、公正、公开原则，开展本地区"国家级培训基地"的评审、遴选工作，确定本地区"国家级培训基地"候选单位。评审、遴选后，各省残联就业服务机构将确定的培训基地申报材料，按相关要求报送中国残疾人联合会就业服务指导中心。

——审核公示：中国残疾人联合会就业服务指导中心组织审核。中国残疾人联合会就业服务指导中心对各地推荐的候选单位的申报材料进行审核，审核后上报中国残疾人联合会审批，并在中国残疾人联合会网站公示。对弄虚作假或存有不实情况的申报材料，一经核实，将取消其申报资格。

——年度评估："国家级培训基地"应向各省（自治区、直辖市）残联就业服务机构提交年度残疾人培训工作总结，各省（自治区、直辖市）残联就业服务机构向中国残联就业服务指导中心报告"国家级培训基地"运行情况。

（五）福建省安排残疾人就业爱心单位认定

1. 认定范围

福建省辖区内的机关、社会团体、企事业单位和社会组织等各类用人单位，残联系统所属机构及有关服务机构不纳入认定范围。

2. 认定条件

符合以下基本条件，并在安排残疾人就业方面作出较大贡献，具有示范、表率作用的用人单位。

按比例安排残疾人就业的用人单位，职工在 100 人（含）以内的，残疾人安置比例应在 10% 以上且安置残疾人人数不少于 5 人（含）；职工为 101～300 人（含）的，残疾人安置比例应在 8%（含）以上；职工为 301～500 人（含）的，残疾人安置比例应在 6%（含）以上；职工为 501～1000 人（含）的，残疾人安置比例应在 4%（含）以上；职工为 1001～2000 人（含）的，残疾人安置比例应在 2%（含）以上；单位职工在 2001 人

（含）以上的，残疾人安置比例应达到 1.6%。

集中安置残疾人就业的单位月平均实际安置的残疾职工高于本单位在职职工总数的 25%且人数在 10 名（不含）以上。

遵守国家法律法规，管理规范，合法经营，依法规范用工，残疾人劳动保障落实。

残疾人就业环境良好，关心、尊重残疾人氛围浓厚，无侵害残疾人合法权益问题。

用人单位应当按规定为安置就业的每位残疾人缴纳城镇职工基本养老保险、医疗保险、工伤保险等社会保险，主动申报安排残疾人就业情况。

3. 认定程序

——申报。县（市、区）残联、人力资源和社会保障局联合推荐，推荐对象为社会团体、企事业单位和社会组织的，应在征求所在地市场监督、税务、环境保护、安全生产等部门意见后，由县（市、区）残联、人力资源和社会保障局向设区市残联、人力资源和社会保障局申报。

——审核。设区市残联、人力资源和社会保障局审核。

——公示与认定。省残联将设区市报送的情况在全省范围内公示 5 个工作日无异议后，再由省残联会同省人力资源和社会保障厅进行认定。

——年审。对被认定为"福建省安排残疾人就业爱心单位"的单位（认定流程见图 4-5），每两年审核一次，符合条件的继续保留资格，不符合条件的予以取消资格；对发生严重违法问题以及侵害残疾人合法权益问题的，应及时取消资格。

（六）残疾人创业创新孵化基地奖励申请审批

1. 申请

市级残疾人创业创新孵化基地申请相关补助、奖励的，于每年 5 月或 11 月携以下材料向市残疾人就业服务中心提出申请：《厦门市残疾人创业创新孵化奖励申请审批表》；基地入驻申请、协议；孵化项目经营许可证照。申请基地一次性"创业带动就业"奖励还需提供：残疾职工上一年度

```
┌─────────────┐          ┌──────────────────────┐
│ 市残联下发省  │◄─────────│ 市就业中心整理候选单位名单 │
│ 爱心单位认定  │          └──────────────────────┘
│  工作通知    │
└─────────────┘
       │
       ▼
┌──────────────────┐
│ 区残联、区人力资源和 │
│ 社会保障局进行推荐  │
└──────────────────┘
       │
       ▼
┌──────────────────┐
│ 市残联、市人社局进行审核，│
│  并将结果上报省残联  │
└──────────────────┘
       │
       ▼
┌──────────────────┐
│   省残联公示名单   │
└──────────────────┘
       │
       ▼
┌──────────────────┐
│ 省残联、省人力资源和 │
│ 社会保障厅进行认定  │
└──────────────────┘
       │
       ▼
┌──────────────┐
│  通报认定结果  │
└──────────────┘
```

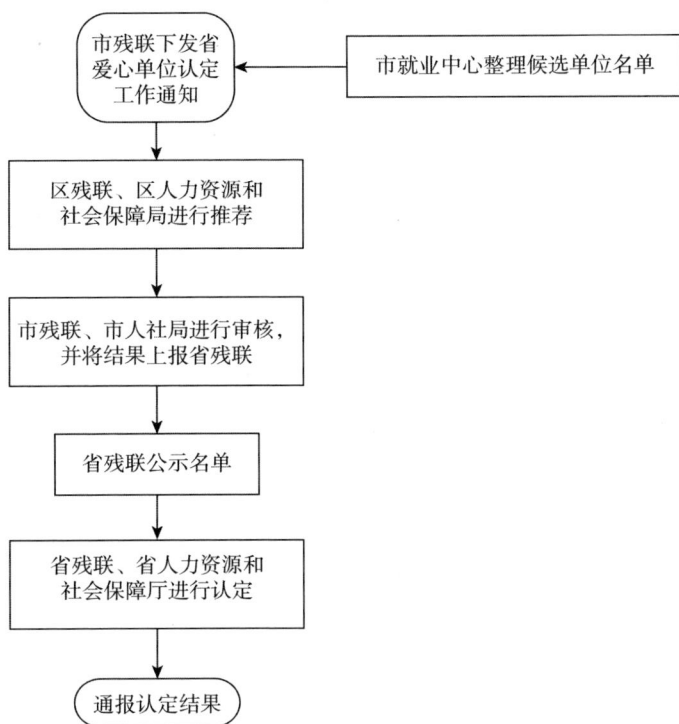

图 4-5 福建省安排残疾人就业爱心单位认定工作流程

《厦门市税务局社会保险参保缴费情况证明》原件，孵化项目通过银行机构向残疾职工支付工资凭证的复印件并加盖银行及项目公章。

2. 审批

市残疾人就业服务中心经实地核实后提出审核意见报市残联审批。

第五章

残疾人就业
服务工具

残疾人就业服务工具对于提升残疾人就业服务规范化、专业化，保证就业服务质量具有积极作用。本章主要依托厦门市的残疾人就业服务工具整理而成，同时也汇总了残疾人就业服务领域的有益工具。

第一节　残疾人信息记录工具

本节工具来自《残疾人温馨家园服务规范》（DB11/T 2145—2023）及厦门市残疾人就业服务中心。使用残疾人信息记录工具的目的在于系统地收集和管理残疾人的相关信息，以更好地为他们提供个性化的就业服务。这些工具包括残疾人需求评估表、应届高校残疾人毕业生就业调查服务记录表、残疾人求职登记表等，通过记录残疾人的个人信息、教育背景、就业意愿以及特殊需求等，有助于就业服务机构全面了解残疾人的就业情况和需求。这些信息记录工具还能为就业服务机构提供数据支持，有利于就业服务机构制订有针对性的就业策略和服务方案，促进残疾人更好地融入职场，实现自身职业目标。

一、残疾人需求评估表①

评估员		日期	
个案基本信息			
姓名		性别	□男 □女
残疾证号		电话	
户口类型	农业（ ） 非农业（ ）	婚姻状况	□单身 □已婚 □离异 □丧偶
监护人姓名		家庭人口数	
受教育水平	□从未上过学 □小学 □初中 □高中（含中专）□大学专科 □大学本科 □硕士及以上	家庭主要收入来源	
健康信息			
残疾类别		残疾等级	
致残原因（遗传、与出生相关、疾病、事故等）		致残时间（年份）	
残疾特征（例如偏瘫、脑瘫、部位等）			
其他家庭成员残疾情况	□有，具体为：_____ □没有		

① 参照《残疾人温馨家园服务规范》（DB11/T 2145—2023）。

续表

个人日常生活/能力评估

（综合评价案主实际情况综合判断后选取一项：能够独立实现/在辅助下能够实现/不能实现/不适用）

自理	家务	教育	生计	人际	社会	情绪
规律和充足的睡眠	做饭（洗菜、择菜、制作）	去学校上课	有专业技能	定期与1位以上的朋友联系	与邻居交谈或互相拜访	在日常环境中感觉安全可靠
能够表达自己的需要	刷锅洗碗		有其他形式的工作收入		有一定数量能认得出、叫得出名字的邻人	对自己所做的事有成就感
能自己穿脱衣服和搭配	打扫房间	会使用相关的教材教具	了解相关的就业市场信息	经常拜访朋友，一起吃饭、聊天等社交活动	能使用附近的公共设施（商店、理发店、电影院、银行、公交车、音乐会、体育活动等）	常常向人表达爱、喜欢等情感
刷牙洗脸梳头刮胡子	洗衣服		了解相关的法律政策			经常感到快乐
吃饭喝水	使用家电	在校园里活动	和同事互动	定期和家人、朋友面对面、用手机等聊天	主动帮助社区里的人（打扫卫生、指路等）	经常担心和焦虑
上厕所	使用手机和电脑		接受工作变动	能够获得家人重视		对现状感到满意
洗头洗澡	花钱买东西	与老师相处良好	向雇主咨询，寻求协助	需要支持时，知道找谁帮忙（个人的支持网络）	社区里有人定期来找，串门或一起外出	信任对自己重要的人
在家里活动（下床等）	照顾小孩/老人		管理工资（规划工资）			
服药管理	安全（电器、煤气、水等）	与同学相处良好	使用银行工具（银行卡、POS机）		能够参加社区的活动	
使用辅具	订餐		安全地居住			

续表

环境评估

（综合评价案主所处的该项环境：支持/障碍程度，对案主的影响程度，综合判断该项环境是否需要改变以及如何改变）

评估员		日期

本人资源及社会关系	社区服务（便利性、可承受性等）	公共空间与设施
父母、配偶/伴侣、子女	健康与康复支持服务	
亲戚	教育服务	
朋友	辅具（可获得性、使用、维护等）	工作场所（室内、户外、无障碍等）
同学/同事	政府政策和计划，行政措施和法规	
个人收入	居住地的社会服务（社会-文化服务、法律服务、协会，教育和休闲服务）	
参与决策		
去购买物品的可能性	职业培训的机会	
社会支持和/或经济补偿	获取信息的渠道（电视、广播、网络、微信等）	家庭居住环境的无障碍程度（家、社区、周边市场）
和社区居委会、街道残联、残疾人协会等的关系		

续表

内容/类型	需求评估 综合评价价案主在该类别的能力、资源，环境状况，是否需要调整及个人意愿	服务方案 具体服务计划（与残疾人共同讨论优先处理的事项，以及哪些事情可以独立完成，可以向谁求助）	计划执行责任人
自理			
家务			
教育			
生计			
人际			
社会			
情绪			
其他			

二、厦门市残疾人就业援助帮扶人员基本情况初步调查表

厦门市残疾人就业援助帮扶人员基本情况初步调查表

填报单位：　　　　　　　　　　　　　　　　　　　　　　　　　　　　　填报时间：

序号	所属镇（街）	姓名	性别	残疾证号	残疾类别	残疾等级	学历	是否应届大学生	就业意向	意向岗位	职业技能证书等级及名称	联系电话	是否农村户籍	初步帮扶情况	初步帮扶结果

厦门市应届高校残疾人毕业生基本情况信息表

_____区 _____街（镇）_____社区（村） 填报日期：_____年_____月_____日

姓 名		性 别		联系电话	
亲属联系人姓名		与亲属联系人关系		亲属联系人电话	
残疾人证号					
残疾类别		残疾等级		多重说明	
残疾状况与劳动能力评估					
毕业学校专业及学历	学校名称				
	专业名称				
	学历				
	毕业时间				
获得职业技能证书情况		证书名称			等级
备注：					

厦门市应届高校残疾人毕业生就业调查服务记录表

调查服务日期： 年 月 日

姓名		性别		残疾类别		残疾等级	
是否已就业		□是 □否	已就业单位名称			就业类型	

就业意愿	无	无就业意愿原因	□拟升学（国内） □拟出国 □重残导致无法就业 □生病导致无法就业 □已升学（国内） □已出国 □联系不上 □经核实非应届生 □暂不就业 □其他情况：			
	有	意向岗位		意向就业区域		意向薪酬	

就业服务内容（可单选或多选）

□ 一、政策宣传

政策名称	
跟踪情况	

□ 二、岗位推荐或推送招聘会信息

□ 岗位推荐	用人单位名称			
	岗位名称		薪酬待遇	
□ 推送招聘会信息	招聘会日期		岗位情况		是否参加招聘会	□ 是 □ 否
跟踪情况	是否达成意向	□ 是 □ 否	未达成意向原因	

续表

□ 三、职业指导			
职业能力 测评	□ 未测评 □ 软件测评 □ 物理工具测评 □ 问卷测评	测评结果 简要描述	
就业面试 技巧指导		推荐职业 心理咨询	

□ 四、推荐培训			
培训内容		培训时间	
主办单位信息		是否参加	□ 是 □ 否
未参加原因		培训成效	

□ 五、其他服务需求			
被调查人（或亲属）签名		调查服务人签名	

三、厦门市残疾人求职登记表

一、基本信息栏					
姓 名		出生日期			
性 别		联系电话			照片
应届毕业生	□ 是 □否	受教育程度			
毕业院校		毕业时间			
专业		政治面貌			
身份证号		是否同意个人信息上网公开		□是 □否	
婚姻状况		特长			
籍贯		邮编			
家庭住址		等级			
残疾类别		残疾人证号			

二、求职意向	
应聘职位	
期望薪资	

三、教育背景（从初中起）

起止时间	学校名称	专业

四、工作经历

起止年月	工作单位	担任职务

五、家庭关系			
姓名	与本人关系	工作单位	电话

六、个人简历（劳动能力、特长等）

本人对以上所填内容的真实性负责。

申请人签名：

填表日期：　　年　　月　　日

第二节　用人单位工具

　　本节表格来自《残疾人集中就业服务规范》（DB37/T 3891.1—2020）、《残疾人集中就业服务规范》（DB37/T 3891.4—2020）及厦门市残疾人就业服务中心的自制表格。使用以下表格可以更好地理解用人单位的需求，精准匹配残疾人的就业需求。这些工具有助于残疾人就业服务机构为残疾人提供更有效的支持和培训，提高其竞争力，同时促进与用人单位的沟通与合作，提高服务效率，为更多残疾人创造就业机会，推动残疾人就业事业的发展。

一、用人需求表①

用人需求表

申请日期：

所需人数：		性别：	年龄：
所属部门：		职位：	拟到岗时间：
工作职责说明：			
学历要求： □高中 □中专 □大专 □本科 □硕士 □其他			
聘用原因： □新设工作 原因： □补充空缺 被替代之雇员姓名及职位： □长期工作 □短期雇用 短期雇用时间：			
残疾类别和等级要求：（请根据岗位工作要求进行填写） 听力残疾： 级 视力残疾： 级 言语残疾： 级 肢体残疾： 级 智力残疾： 级 精神残疾： 级 多重残疾： 级			
建议招聘渠道：			
有关经验：			
特殊训练/其他要求：			
部门负责人签字：			

---

① 参照《残疾人集中就业服务规范》（DB37/T 3891.1—2020）。

二、 厦门市用人单位招聘残疾人岗位信息表

厦门市用人单位招聘残疾人岗位信息表（参考模板）

单位名称				
统一社会信用代码				
企业简介（300 字以内）				
联系人		联系人电话		应聘联系电话
单位地址				
营业执照（图片）				
厦门市残疾人就业服务中心就业指导科 联系电话：××××-×××××××				
请用人单位完整填写后发送至电子邮箱：xmcjg×××××@126.com				
此电子表格可在厦门市残疾人联合会官网下载中心下载				

用人单位招聘残疾人岗位信息表

序号	岗位名称	招聘人数	月薪	残疾类别	残疾等级	工作内容	岗位要求	其他待遇	备注
1									
2									
3									
4									
5									

同意将招聘信息上网公开：是□，否□

以上招聘信息于网上发布之日起有效期至＿＿＿＿年＿＿＿＿月＿＿＿＿日。

残疾类别：肢体、听力、言语、视力、智力、精神、多重。
残疾等级：一级（重）、二级、三级、四级（轻）。

三、综合评估表

综合评估表

应聘人员姓名	应聘岗位	所属部门
评估意见		
初试意见	是否适用，请说明理由： 签字：	
笔试成绩	是否适用，请说明理由： 签字：	
面试意见	是否适用，请说明理由： 签字：	

四、残疾人入职登记表

残疾人入职登记表

姓名		性别		出生年月		籍贯		照片
民族		婚姻状况		健康状况		学历		
住址					电话			
残疾人证号								
身份证号			入职日期		岗位			
毕业院校			专业		毕业时间			
家庭成员情况								
姓 名	与本人关系		工作单位			联系电话		
紧急联系人	姓 名		与本人的关系		工作单位		联系电话	
体检报告	乙肝五项检查结果（需附检查报告原件）							

本人保证填写信息真实有效，如提供虚假信息同意承担全部责任。

（本人签名）＿＿＿＿＿＿＿＿

五、入驻残疾人创业孵化基地申请表

厦门市残疾人创业创新孵化基地入驻申请表（参考模板）

申请日期： 年 月 日 编号：＿＿＿＿

一、创业人及管理团队情况

创业人姓名			出生年月		性别		
联系电话							
身份证号							
残疾证号							
项目名称							
毕业院校							
创业者简历							
项目简介							
其他主要成员情况	姓名	所学专业	年龄	在拟办企业中分工负责范围			签名

二、测评结果

创业 能力 测评	测评机构：工业和信息化部教育考试中心 测评结果： 测评人： 　　　　年　　月　　日
创业 培训 跟踪	培训时间： 培训结果： 创业辅导师：

三、审批意见

创业者 承　诺	我认同《厦门市残疾人创业创新孵化基地管理办法》并将严格遵守各项规章制度。 创业者签字： 　　　　年　　月　　日
基地 意见	 负责人签字（盖章）： 　　　　年　　月　　日

六、查（借）阅档案审批表[1]

查（借）阅档案审批表

姓名		部门	
查（借）阅档案材料名称			
查（借）阅档案原因：			
查（借）阅档案时间：　　　年　　月　　日			
查（借）阅档案归还时间：　　　年　　月　　日			
档案管理部门负责人签字：			
档案管理部门分管领导签字：			
归还档案检查情况： 　　　　　　　　　　　　　　　档案管理工作人员签字：			

---

[1]　参照《残疾人集中就业服务规范》（DB37/T 3891.4—2020）。

第三节　志愿者管理表格

本节的表格来自《残疾人集中就业服务规范》（DB37/T 3891.5—2020）。残疾人就业服务需要志愿者的支持与陪伴，志愿者能够提供个性化的服务，关注每个残疾人的特定需求，同时也能帮助他们建立社交网络，减少孤独感。志愿者整合各种资源，包括就业机会和培训资源，为残疾人提供更广泛的支持，帮助他们实现职业目标。此外，志愿者的参与还有助于提高公众对残疾人就业问题的认识和理解，促进包容和融合。因此，志愿者在残疾人就业服务中扮演着不可或缺的角色，为残疾人提供了更多机会和支持，促进了他们的就业和社会融合。为进一步规范志愿者的招募和管理志愿者，调动志愿者参与的意愿，残疾人就业服务机构可使用本节表格进行规范化管理。

一、志愿者报名表

志愿者报名表

编号：

姓名		性别		免冠照片
年龄		学历		
身份证号				
手机号码		邮箱		
所属单位		职业		
志愿服务工作经历				
有何特长				
志愿服务内容	□技能培训 □康复医疗 □文化体育 □法律维权 □无障碍环境改造 □心理咨询 □就医指导 □陪同就医 □特事接送 □代办服务 □代购服务 □手机使用指导 □电脑使用及维修 □家庭物品简易维修 □身障辅助器具维护或维修 □网购家用货物简易安装 □其他			
意向参加志愿服务的具体时间	□周一 □周二 □周三 □周四 □周五 □周六 □周日			

二、志愿服务记录表

志愿服务记录表

编号：

志愿者信息					
姓名		性别		身份证号	
年龄		电话		邮箱	
工作单位					
志愿服务时间：　　年　　月　　日　　时至　　时					
志愿服务内容：					
受助残疾人职工信息					
姓名		性别		身份证号	
年龄		电话		邮箱	
服务是否完成：					
未完成原因：					

服务满意度评价			
评价内容	评价结果		
	满意	较满意	不满意
服务时间的准确率			
服务项目的完成情况			
志愿者的行为			
备注：			
记录人：　　　　　　　　　　　电话：			

三、志愿服务证书

志 愿 服 务 证 书

_____女士/先生/同学，在_____年_____月_____日，为___
_____企业残疾人职工提供了一次志愿服务，总时间
为_____小时，并获得服务对象好评，特此证明。

_____签章

年　　月　　日

四、志愿服务信息报告

志愿服务信息报告

_____：

您单位在过去的一年里，共有_____同志，为我单位残疾人职工提供
了志愿服务（详见附件）。我们对贵单位志愿者的无私奉献及自觉履行社
会责任的精神和做法表示由衷的敬佩与感谢，特此报告！

企业名称：

单位公章：

五、志愿服务汇总报告表①

志愿服务汇总报告表

单位公章：　　　　　　　　　　　　　　　　　　年　　月

序号	志愿者	次数	用时	序号	志愿者	次数	用时
1				13			
2				14			
3				15			
4				16			
5				17			
6				18			
7				19			
8				20			
9				21			
10				22			
11				23			
12				24			
备注：							

---

① 参照《残疾人集中就业服务规范》（DB37/T 3891.5—2020）。

第四节　补充工具

为进一步完善残疾人就业服务，本节提供其他可参考借鉴的工具，主要为残疾人心理及社会适应状况评价工具。使用残疾人心理及社会适应状况评价工具的目的是全面了解残疾人的心理健康状况和社会适应能力，从而更有效地为其提供就业服务和支持。这些评价工具，如残疾人心理健康自评量表、社会适应能力评估以及残疾人职业心理咨询登记表，能够帮助就业服务机构评估残疾人的心理状态、社交能力和职业适应能力。通过评估结果，可以及时发现并解决残疾人在心理和社会方面的问题，提供相应的心理咨询和支持服务，帮助其克服困难，增强自信心，顺利融入职场，实现自身职业发展目标。

一、残疾人心理健康自评量表

残疾人心理健康自评量表

日期：　　　　　　　　　编号：

姓名：　　　　　　　　　性别：　　　　　年龄：

户籍所属区：　　　　　　联系电话：

受测人身份：□残疾人；□残疾人工作者；□残疾人家属

残疾人证号：

残疾人工作者工作单位名称：

下表列出了可能会有的问题，请仔细阅读每一条，根据自己最近（"现在"或"最近一个星期"）的实际感觉，选择最符合你的一种情况，填在相应题号的评分栏中。

【1—没有、2—很轻、3—中等、4—较重、5—严重】

序 号	问 题	自 评				
1	头痛	1	2	3	4	5
2	神经过敏，心中不踏实	1	2	3	4	5
3	头脑中有不必要的想法或字句盘旋	1	2	3	4	5
4	头晕或晕倒	1	2	3	4	5
5	对异性的兴趣减退	1	2	3	4	5
6	对旁人责备求全	1	2	3	4	5
7	感到别人能控制你的思想	1	2	3	4	5
8	责怪别人制造麻烦	1	2	3	4	5
9	容易遗忘	1	2	3	4	5
10	担心自己的衣饰整齐及仪态的端庄	1	2	3	4	5
11	容易烦恼和激动	1	2	3	4	5
12	胸痛	1	2	3	4	5
13	害怕空旷的场所或街道	1	2	3	4	5
14	感到自己的精力下降，活动减慢	1	2	3	4	5
15	觉得生命没有意义	1	2	3	4	5
16	听到旁人听不到的声音（幻听）	1	2	3	4	5
17	发抖（身体或手脚不由自主抖动）	1	2	3	4	5
18	感到大多数人都不可信任	1	2	3	4	5
19	胃口不好	1	2	3	4	5
20	容易哭泣	1	2	3	4	5
21	同异性相处时感到害羞不自在	1	2	3	4	5
22	感到受骗，中了圈套或有人想抓住你	1	2	3	4	5
23	无缘无故地突然感到害怕	1	2	3	4	5
24	自己不能控制地大发脾气	1	2	3	4	5
25	怕单独出门	1	2	3	4	5
26	经常责怪自己	1	2	3	4	5
27	腰痛	1	2	3	4	5
28	感到难以完成任务	1	2	3	4	5

序 号	问 题	自 评				
29	感到孤独	1	2	3	4	5
30	感到苦闷	1	2	3	4	5
31	过分担忧	1	2	3	4	5
32	对事物不感兴趣	1	2	3	4	5
33	感到害怕	1	2	3	4	5
34	感情容易受到伤害	1	2	3	4	5
35	旁人能知道自己的私下想法	1	2	3	4	5
36	感到别人不理解、不同情	1	2	3	4	5
37	感到人们不友好，不喜欢自己	1	2	3	4	5
38	做事必须做得很慢以保证做得正确	1	2	3	4	5
39	心跳得很厉害	1	2	3	4	5
40	恶心或胃部不舒服	1	2	3	4	5
41	感到比不上他人	1	2	3	4	5
42	肌肉酸痛	1	2	3	4	5
43	感到有人在监视、谈论自己	1	2	3	4	5
44	难以入睡	1	2	3	4	5
45	做事必须反复检查	1	2	3	4	5
46	难以作出决定	1	2	3	4	5
47	怕乘电车、公共汽车、地铁或火车	1	2	3	4	5
48	呼吸有困难	1	2	3	4	5
49	一阵阵发冷或发热	1	2	3	4	5
50	因为感到害怕而避开某些东西、场合或活动	1	2	3	4	5
51	脑子变空了	1	2	3	4	5
52	身体发麻或刺痛	1	2	3	4	5
53	喉咙有梗塞感	1	2	3	4	5
54	感到前途没有希望	1	2	3	4	5
55	不能集中注意力	1	2	3	4	5

续表

序 号	问 题	自 评				
56	感到身体的某一部分软弱无力	1	2	3	4	5
57	感到紧张或容易紧张	1	2	3	4	5
58	感到手或脚发重	1	2	3	4	5
59	想到死亡的事	1	2	3	4	5
60	吃得太多	1	2	3	4	5
61	当别人看着你或谈论你时感到不自在	1	2	3	4	5
62	有一些不属于你自己的想法	1	2	3	4	5
63	有想打人或伤害他人的冲动	1	2	3	4	5
64	醒得太早	1	2	3	4	5
65	必须反复洗手、点数	1	2	3	4	5
66	睡得不稳不深	1	2	3	4	5
67	有想摔坏或破坏东西的想法	1	2	3	4	5
68	有一些别人没有的想法	1	2	3	4	5
69	感到对别人神经过敏	1	2	3	4	5
70	在商店或电影院等人多的地方感到不自在	1	2	3	4	5
71	感到任何事情都很困难	1	2	3	4	5
72	一阵阵恐惧或惊恐	1	2	3	4	5
73	感到在公共场合吃东西很不舒服	1	2	3	4	5
74	经常与人争论	1	2	3	4	5
75	单独一人时神经很紧张	1	2	3	4	5
76	别人对你的成绩没有作出恰当的评价	1	2	3	4	5
77	即使和别人在一起也感到孤单	1	2	3	4	5
78	感到坐立不安、心神不定	1	2	3	4	5
79	感到自己没有什么价值	1	2	3	4	5
80	感到熟悉的东西变得陌生或不像是真的	1	2	3	4	5
81	大叫或摔东西	1	2	3	4	5
82	害怕会在公共场合晕倒	1	2	3	4	5

续表

序 号	问 题	自 评
83	感到别人想占你的便宜	1 2 3 4 5
84	为一些有关性的想法而苦恼	1 2 3 4 5
85	你认为应该因为自己的过错而受到惩罚	1 2 3 4 5
86	感到要很快把事情做完	1 2 3 4 5
87	感到自己的身体有严重问题	1 2 3 4 5
88	从未感到和其他人很亲近	1 2 3 4 5
89	感到自己有罪	1 2 3 4 5
90	感到自己的脑子有毛病	1 2 3 4 5

二、 社会适应能力评估

社会适应能力评估

日期：   编号：

姓名：   性别：   年龄：

户籍所属区：   联系电话：

残疾人证号：

请在相符□处打"√"

01	生活自理能力	
0101	生活起居	
1）	你能自觉保持哪些个人卫生？ □洗脸刷牙 □换洗衣服 □洗澡（洗脚） □洗手 □洗发 □剪指甲 □理发/刮胡子	
2）	在饮食方面，你能做到以下哪几个方面？ □餐具干净 □查看保质期，不食用变质食品 □饮食结构平衡（荤素搭配）□不食用"三无"产品（无厂家、无生产时间、无原料说明）	

3)	你能独立、合理安排以下哪几个方面？ □规律服药 □就寝起床 □去康复机构 □娱乐活动	
0102	物品管理	
4)	你会整理以下哪些物品？ □衣服鞋帽 □洗漱用品 □被子床铺类 □药品 □餐具 □学习娱乐用品 □劳动工具（扫把、抹布等）	
5)	你会按照哪些方式整理物品？ □按位置摆放物品 □按类别整理物品 □按季节收纳物品 □按使用频率收纳物品	
6)	你会按照哪种方式对待借用物品？ □在约定时间内归还 □爱惜借用物品 □不随意转借给他人	
0103	病情管理	
7)	你在病情复发有先兆症状时会主动告知哪些人员？ □家人 □机构工作人员 □指定监护人（居委会干部等）□医生	
8)	你知道哪些抗精神病药物的常见不良反应？ □嗜睡 □肥胖 □头晕 □口干 □流口水 □便秘	
9)	你如何处置药物不良反应？ □向医生咨询，并遵从医嘱 □定期体检 □锻炼身体	
0104	生活技能	
10)	你会独立、安全使用哪些家电？ □电视机 □空调 □洗衣机 □电饭煲 □微波炉 □热水器 □电脑	
11)	你能独立完成以下哪些菜品类的烹饪？ □面食类 □蔬菜 □肉类 □蛋类 □豆制品类 □菌类 □水产类	
12)	你能够承担哪些家庭清洁？ □清洁地面 □清洁桌柜 □整理床铺 □清洗餐具 □清理垃圾	
02	社交沟通能力	

续表

0201	基本礼仪	
13）	你在着装方面能做到以下哪几个方面？ □干净整洁，无异味和污渍 □按季节增减衣服 □不穿过于暴露的服装 □按活动场合进行搭配	
14）	你能遵守哪些餐桌礼仪？ □长者、客人优先（入座、动筷）□不大声喧哗 □咀嚼食物时，不发声响 □夹菜时，不反复挑拣食物 □在餐桌上，剔牙、咳嗽、打喷嚏时懂得回避 □离席时，主动和他人打招呼	
15）	你能遵守哪些交通礼仪？ □行走有序，不推搡 □不喧哗，不占道 □遵守红绿灯规则 □乘车时先下后上 □礼貌让座	
0202	自我意识	
16）	你知道哪些与自己相关的信息？ □家庭住址 □家庭电话 □疾病情况 □监护人相关信息 □残疾人证号 □兴趣爱好（如运动、旅游、摄影、棋牌、烹饪等）	
17）	你在以下哪些方面能比较准确地评价自己？ □身体健康状况 □能力和特长 □自己在家庭中的角色	
18）	你能根据自己的情况参与以下哪些活动安排？ □工作学习 □机构活动 □康复计划制订 □外出 □交友 □金钱管理	
0203	表达能力	
19）	你在与他人交流时能做到以下哪几个方面？ □使用问候语 □认真倾听 □适当回应 □眼神交流 □理解他人说话的意思 □表达自己的想法	

续表

20）	你在用文字表达时能做到以下哪几个方面？ □字迹清晰 □语句通顺 □能将事情描写清楚 □能使用适当的修饰词语 □能在文章中表达自己的想法	
0204	情绪管理	
21）	你知道哪些因素会影响自己的情绪变化？ □睡眠质量 □药物或剂量变化 □突发事件 □季节变化	
22）	你在别人对自己的不良情绪进行劝解时能做到以下哪几个方面？ □不排斥 □理解 □表示感谢 □适当调整情绪	
23）	你能通过以下哪些方法调节或控制情绪？ □音乐、绘画、运动等 □就医或心理咨询 □找人聊天倾诉 □休息独处	
03	社会技能	
0301	居住环境	
24）	你能正确说出以下哪几项信息？ □家庭地址和电话 □机构地址和电话 □区精神卫生中心、社区医院位置 □社区服务中心/村（居）委会位置	
25）	你知道社会服务中心/村（居）委会有哪些服务内容？ □医疗保障 □求职培训 □社会救助 □残联事务 □卡证受理 □失业保障	
0302	安全防范	
26）	你能做到不随意透露以下哪些属于家庭隐私的信息？ □家庭成员信息（姓名、年龄、关系等）□家庭财产信息 □家庭基本信息（电话、地址等）□家庭成员病史	

27）	你在遇到陌生人搭讪或接到陌生人电话时会做到以下哪几个方面？ □保持警惕 □不随意填写含有家庭隐私信息的调查问卷（信息表） □不随意告知关于自身或家庭的隐私信息 □将陌生电话的内容告知家人或机构工作人员 □觉得可疑时，直接挂断电话或马上走开 □觉得可疑时，及时向他人求助或报警	
28）	你在遇到紧急事件时会用哪几种方式处理？ □及时拨打紧急电话（110、119、120 等），并准确说出地址和具体事件 □及时向家人或周围人求救 □听从现场负责人指挥	
0303	活动参与	
29）	你会主动参加哪些家庭活动？ □聚餐 □购物 □休闲娱乐活动 □走亲访友	
30）	你能主动参加机构哪些活动？ □简单劳动（工/农疗）□文娱活动（慰问演出）□教育培训（阅读书画）□学员会议 □外出活动 □志愿服务 □参观接待	
31）	你会参加哪些社区活动？ □座谈会/讲座 □义卖 □健康体检 □运动会 □志愿服务 □看电影 □旅游	
0304	社会能力	
32）	你能通过哪些方式查询路线并独立到达目的地？ □询问他人 □上网查询 □查看地图 □电话求助	
33）	你了解以下哪些就医环节？ □预检 □挂号 □就诊 □付费 □配药	
34）	你能向医生描述哪些不适？ □不适部位 □不适反应 □不适发生的时间 □不适持续的时间 □已采取措施 □过往病史 □过敏药物	

35)	你能根据自身需要去哪些地方消费？ □超市 □菜市场 □药店 □餐馆 □商场	
36)	你能独立完成的简单手工劳动有哪些？ □穿珠 □剪纸 □数字油画 □陶艺 □十字绣 □编织 □盆景种植 □其他	
0305	与人相处	
37)	你会和哪些认识的人交流？ □学员 □机构工作人员 □精防医生 □亲朋好友 □邻居 □居委会 工作人员 □社工 □社区民警	
38)	你在与异性相处时能做到以下哪些方面？ □文明礼貌 □避免不恰当的肢体接触	
39)	你在以下哪些方面能听取家属和机构工作人员的建议？ □生活作息方面 □家庭事务方面 □社会交往方面	
40)	你在他人提出建议时能做到以下哪几个方面？ □保持平和的心态 □思考他人的建议 □说出自己内心的想法	
	总分	

三、残疾人心理咨询服务工具（一对一）

（一）残疾人职业心理咨询登记表（一对一）

残疾人职业心理咨询登记表（一对一）

服务单位（盖章）：

编号：　　　　　　　　共（　）次

咨询人姓名		性别		年龄	
联系方式		紧急联系人及电话			
现居住地		区　　　　街道（镇）　　　　社区（村）			
咨询人身份：□残疾人 □残疾人家属 □残疾人工作者					
□ 厦门市户籍残疾人	残疾人证号及姓名			残疾类别及等级	
□ 残疾人家属					
□ 残疾人工作者	工作单位全称				
咨询总体状况					

备注：表中内容不涉及个人咨询私密信息。

（二）残疾人职业心理咨询服务记录表

残疾人职业心理咨询服务记录表

编号：　　　　　　　　　第（　）次

咨询人签名	
服务日期	年　　月　　日
服务时长	分钟
服务地点	

咨询主要内容、事项：

咨询效果及建议：

咨询师签名：
日期：

备注：表中内容不涉及个人咨询私密信息。

（三）残疾人职业心理咨询记录汇总表（一对一）

残疾人职业心理咨询记录汇总表（一对一）

服务单位：（盖章）

填表日期：

序号	咨询人姓名	咨询人身份	咨询日期	咨询时长	咨询师姓名
1		□残疾人 □残疾人家属 □残疾人工作者			
2		□残疾人 □残疾人家属 □残疾人工作者			
3		□残疾人 □残疾人家属 □残疾人工作者			
4		□残疾人 □残疾人家属 □残疾人工作者			
5		□残疾人 □残疾人家属 □残疾人工作者			
6		□残疾人 □残疾人家属 □残疾人工作者			
7		□残疾人 □残疾人家属 □残疾人工作者			
8		□残疾人 □残疾人家属 □残疾人工作者			
9		□残疾人 □残疾人家属 □残疾人工作者			
…		□残疾人 □残疾人家属 □残疾人工作者			

四、残疾人心理咨询服务工具（团体辅导）

本部分表格来自厦门市残疾人就业服务中心。残疾人心理咨询服务分为个别一对一咨询服务及团体辅导（简称为"团辅"），使用团辅相关表格的目的在于记录和跟踪残疾人的团辅情况，以便评估团辅效果和个体进展。这些表格如团辅讲座方案表、团辅讲座过程记录表，有助于统计参与团辅的残疾人人数、学习内容及进度，并评估团辅活动的实施效果。通过这些表格的记录和分析，就业服务机构能够更好地调整团辅内容和方法，从而更好地了解并改善调整残疾人的心理状况，促进其就业和社会融合。

（一）团辅讲座方案表

团辅讲座方案表

活动主题：

活动目标：

活动对象：

活动日期：

活动地点：

活动带领老师及工作人员：

活动简要过程：

步骤	主题	时间	活动内容	备注
一				
二				
三				
四				
五				

说明：为达到更好的活动效果，根据时间、人群、场地的不同，每次活动可能会有所调整。

（二）团辅讲座过程记录表

团辅讲座过程记录表

团辅讲座主题			
活动地点		活动日期	
服务对象		团辅讲座老师	
过程情况记录：（参与人员反应及过程、专业技巧/感受、目标达到情况、反思与跟进计划）			
活动照片：			
备注：			

负责人签名：

日期：

（三）团辅讲座签到表

团辅讲座签到表

序号	姓名	残疾人证号 （残疾人工作者填写单位名称）	联系电话	签名	备注
1					
2					
3					
4					
5					
6					
7					
8					
9					
10					
11					
12					
13					
14					
15					
...					

注：残疾人亲属请填写其亲属残疾人证号，并在备注栏里填写亲属。

（四）团辅讲座总结记录表

团辅讲座总结记录表

团辅讲座主题				
主讲老师		工作人员		
地点			日期	
总结内容				
总体		亮点		不足
反馈信息				

附　录

残疾人就业相关标准化文件

一、国家标准

《残疾人残疾分类和分级》（GB/T 26341—2010）

《就业年龄段智力、精神及重度肢体残疾人托养服务规范》（GB/T 37516—2019）

二、团体标准

《智力残疾康复服务》团体标准（T/CARD 004—2020）

三、地方标准

北京：《残疾人社区康复站服务规范》（DB11/T 1550—2018）

《残疾人温馨家园服务规范》（DB11/T 2145—2023）

山东：《城镇残疾人日间照料托养服务规范》（DB37/T 4241—2020）

《残疾人集中就业服务规范》（DB37/T 3891.1—2020）

《残疾人集中就业服务规范》（DB37/T 3891.4—2020）

《残疾人集中就业服务规范》（DB37/T 3891.5—2020）

《公共就业培训服务规范》（DB37/T 4498—2022）

广东：《社区康园中心服务规范》（DB44/T 2256—2020）

福建：《福建省无障碍设施设计标准》（DBJ/T 13-423-2023）

后 记

残疾人事业是中国特色社会主义事业的重要组成部分。近年来，我国不断完善残疾人社会政策体系和关爱服务体系，残疾人服务的质效进一步提升，残疾人事业步入高质量发展阶段。残疾人社会服务模式的创新探索是实现残疾人事业高质量发展的重要途径，因而成为相关政策界、实务界和研究界共同关注的重要议题。

作为一名社会工作专业的高校教师和研究者，以专业理念和视角分析研究本土社会服务创新实践，总结提升社会服务模式，既是实现专业培养闭环的必然选择，也是服务社会、实现专业价值的重要方式。多年来，我和研究团队一直积极关注我国残疾人社会服务的发展，长期观察研究各地创新性服务案例和经验，开展残疾人社会服务模式的研究，并评估服务的过程与效果，探索社会工作介入残疾人服务的主要途径和方法，力求为残疾人社会政策和服务发展作出贡献。

《残疾人就业规范化服务指南》正是上述努力的现实成果之一。本书以残疾人就业服务专业化的"厦门模式"为基础，尝试形成全面的、可供参照的残疾人就业服务手册，引导厦门和全国残疾人就业服务进一步规范化高质量发展。经过近一年的项目研究，多次的团队研讨和内容修订，本书终于即将付梓，此时的感受欣喜而忐忑：一方面期待本书可以为残疾人就业支持的相关部门、专业机构、残疾人雇主提供有价值的工作指引和参考；另一方面也诚恳期待各位同人对本书不完善之处予以批评指正。

本书是在厦门市残疾人就业服务中心的大力支持和项目团队成员的全力投入中得以顺利完成的。厦门市残疾人就业服务中心陈军主任、胡树祥副主任统筹，办公室主任田敏、核查科科长王学军、培训科科长温惠鹭、

172

就业科科长黄杰洲都直接参与并提供了大量基础材料，精心安排了现场调研，共同参与篇章结构的讨论确定，撰写、修改和审核了本书的文稿，为本书的方向和内容把关。中国人民大学博士研究生姚敏负责第一章、第二章及第五章内容的资料整合和初稿撰写，硕士研究生王钎郡负责第三章内容的资料整合和初稿撰写，硕士研究生陈恺安负责第四章内容的资料整合和初稿撰写。笔者负责整体统筹，完成书稿框架和各章节基础内容选择、修改及引言撰写。衷心感谢所有参与者的努力和贡献。

中国人民大学社会学院副教授

何　欣

2024 年 4 月 10 日